MW01634091

Elogios para *¡Totalmente comprometido!* de Brian Tracy

"Escrito por Brian Tracy, *¡Totalmente comprometido!* es un libro lleno de herramientas prácticas e ideas novedosas en las que todo líder necesita ser más efectivo. Implementándolas usted logrará que los integrantes de su equipo de trabajo se sientan muy a gusto consigo mismos".

> — Mark C. Thompson, autor bestseller de *Now Build a Great Business!* y *Success Built to Last*

"*¡Totalmente comprometido!* es un viaje fantástico que le ofrece al lector eficaces puntos de vista acerca de cómo el ejemplo de un líder afecta intrínsecamente las motivaciones de todo el personal que conforma el organigrama empresarial, desde la base hasta la cúspide".

> — Joseph Sherren, Presidente de Ethos Enterprises Inc., Director Ejecutivo de Gateway Leadership Inc., autor de *iLead, Five Insights for Building Sustainable Organizations* y coautor de *Vitamin "C" for a Healthy Workplace*

"Brian Tracy es uno de los consejeros más prácticos y útiles que he conocido. *¡Totalmente comprometido!* contiene ideas fáciles de aplicar inmediatamente, tanto en el trabajo como en el hogar".

> — Marshall Goldsmith, autor de los bestsellers de *New York Times, MOJO* y *What Got You Here Won't Get You There*

"¡Esta es otra obra brillante de Brian Tracy! Va directo al punto en lo que concierne a investigar acerca del ser humano y de sus más íntimos talentos y motivaciones para desear ser grande. El modo magistral mediante el cual Brian describe y explica la importancia de ser feliz e irradiar felicidad, da justo en el blanco. En tiempos de recesión y ánimo caído, él nos guía e inspira a reflexionar sobre nuestros valores internos, recordándonos que en épocas difíciles, todos tenemos la habilidad de probarnos a nosotros mismos por medio de acciones, hábitos y compromisos. Es un libro altamente útil para quien lidera y maneja personal, ¡o simplemente para quien busca una estupenda lectura que le indique cómo motivarse y liderarse a sí mismo!".

"¡Brian Tracy lo ha logrado de nuevo! Ha dejado plasmadas una vez más, tanto su perspectiva como su sabiduría en *¡Totalmente comprometido!* proporcionándole las herramientas que necesita para influenciar e impactar positivamente a la gente que usted lidera. Léalo, aplíquelo y sorpréndase con los resultados".

"En la escala de 1 a 10 para medir de muy frustrado a muy feliz, yo personalmente me siento en el tope de 10 con *¡Totalmente comprometido!* Esta es otra obra de arte provista por Tracy. Contiene la gama completa de las mejores prácticas, ya comprobadas, sobre cómo sacar a relucir lo mejor, tanto del equipo de trabajo como de nosotros mismos. No hallo el momento de incorporar sus técnicas al personal de mi empresa para contribuir a que, inclusive los más destacados, lleguen a ser todavía mejores a medida que alcanzan su máxima realización. ¡Gracias Brian!".

"Brian ilustra a los líderes acerca de cómo hacer que la gente se sienta estupenda consigo misma y llegue a desempeñarse al máximo".

"Al aplicar los principios de *¡Totalmente comprometido!* usted cambiará fundamentalmente el nivel de rendimiento y la cultura interna de cualquier organización. A través de un enfoque auténtico, Brian suministra herramientas que produzcan resultados capaces de enganchar a la gente de la manera más adecuada posible".

Brian Tracy

Autor del *bestseller*:
21 leyes absolutamente inquebrantables del dinero

¡Totalmente comprometido!

Inspire, motive y saque a relucir lo mejor de su equipo de trabajo

TALLER DEL ÉXITO

¡Totalmente comprometido!
Copyright © 2012 - Brian Tracy • Taller del Éxito

Título en inglés: *Full Engagement: Inspire, Motivate, and Bring Out the Best in Your People*
Copyright © 2011 Brian Tracy. Published by AMACOM, a division of the American Management Association, International, New York. All rights reserved.
Traducción: Taller del Éxito Inc.

Reservados todos los derechos. Ninguna parte de esta publicación puede ser reproducida, distribuida o transmitida, por ninguna forma o medio, incluyendo: fotocopiado, grabación o cualquier otro método electrónico o mecánico, sin la autorización previa por escrito del autor o editor, excepto en el caso de breves reseñas utilizadas en críticas literarias y ciertos usos no comerciales dispuestos por la Ley de Derechos de autor.

Publicado por:

Taller del Éxito, Inc.
1669 N.W. 144 Terrace, Suite 210
Sunrise, Florida 33323
Estados Unidos

Editorial dedicada a la difusión de libros y audiolibros de desarrollo personal, crecimiento personal, liderazgo y motivación.

Diseño de carátula y diagramación: Diego Cruz

ISBN 10: 1-607381-00-1
ISBN 13: 978-1-60738-100-1

Printed in the United States of America
Impreso en Estados Unidos

Primera edición

12   13   14   15   15   R|UH   08   07   06   05   04

CONTENIDO

Introducción

> "Si sus acciones inspiran a otros a soñar más,
> aprender más, hacer más y convertirse en
> alguien mejor, …entonces usted es un líder".
>
> —John Quincy Adams

¡**B**ienvenido al mundo empresarial!** En el 2008 llegamos a una línea divisoria de las actividades y operaciones empresariales. Ahora nada volverá a ser igual. Lo que usted afronta hoy es un "nuevo estilo". Los buenos tiempos se fueron para siempre.

Debido a la disminución del mercado, al incremento de la competencia, a la exigencia del consumidor y a la interminable falta de personal altamente calificado y productivo, usted tendrá que hacer más con menos y obtener mejores resultados con recursos restringidos como nunca antes.

Una de las consecuencias más interesantes de esta época tan atrayente y retadora es que las empresas están produciendo más con menos recursos. Millones de personas se han quedado sin empleo a causa de reducciones en casi todo campo de los negocios. Sin embargo, la productividad, desempeño y producción por persona, de hecho, se elevaron. Las compañías están manteniendo o incrementando sus niveles de rendimiento y calidad con menos personal, el cual se está seleccionando mediante mecanismos más eficaces, organizados y dirigidos. Esta también debe ser su meta.

Como gerente, usted es el encargado de operar su grupo empresarial. Para lograrlo tiene tanto ingresos como gastos, así como requerimientos de producción; además cuenta con medidas para realizar evaluaciones de desempeño. Su estado de pérdidas y ganancias refleja su habilidad para combinar personal con recursos que den resultados —fundamentalmente financieros—, que sobrepasen las expectativas y que idealmente superen de manera importante los costos totales de inversión.

Incremente su rentabilidad financiera

La medida del éxito en los negocios está determinada ampliamente por la forma en que el administrador de cada empresa alcanza una rentabilidad financiera elevada y consistente. El propósito de un plan acompañado de estrategias, tácticas y operaciones, es organizar y reubicar al personal y a los bienes del negocio de tal manera que dicha rentabilidad, —consistente en el retorno de determinado capital que el propietario ha invertido en su negocio—, sea la más alta posible en el mercado, primordialmente en comparación con los competidores dentro del mismo campo o industria.

Como líder, una de sus funciones consiste en lograr la más alta rentabilidad financiera. Es ésta la que describe el "nivel de energía" que su equipo de trabajo está invirtiendo. Y ya que es un hecho que para alcanzar las metas empresariales, su personal es fundamental, otro de sus enfoques primordiales desde su posición de liderazgo también debería ser lograr el más alto rendimiento del capital humano —en términos de esfuerzo físico, emocional y mental— producido por su personal, o por lo menos, en capacidad de producción, para lograr los resultados de los cuales usted es responsable.

De acuerdo a Robert Half International, en promedio cada persona trabaja únicamente al ritmo del 50% de su capacidad. Debido a causas como falta de claridad en las funciones del cargo, ausencia de orden en las prioridades, liderazgos débiles, falta de dirección y de retroalimentación, cada empleado pierde aproximadamente el 50% de su tiempo en actividades que no tienen nada que ver con su desempeño laboral.

Dicho tiempo se malgasta en acciones como charlas de corredor con los compañeros de trabajo, almuerzos y tiempos de descanso extendidos, llegadas tarde y salidas temprano, navegar en Internet, ocuparse en asuntos personales y otra clase de movimientos de relleno que virtualmente no representan un retorno para la compañía equivalente a la cantidad de dinero que esta invierte en salarios, pagos y beneficios para sus empleados.

Pero como dijo Napoleón: "No hay malos soldados al mando de un buen General". Un gerente ágil, con una visión clara, debe saber cómo organizar rápidamente a un grupo de empleados que presente un rendimiento promedio para llevarlo a un punto de desempeño máximo y convertirlo en un equipo capaz de alcanzar resultados inigualables para la compañía. Sólo tiene que saber cómo hacerlo.

La buena noticia es que actualmente usted encuentra al alcance de su mano y a su servicio las respuestas a todos sus interrogantes laborales. Como resultado de décadas de investigación y de millones de horas invertidas en el estudio del rendimiento del individuo y de las organizaciones, hoy por hoy sabemos lo que necesitamos hacer y dejar de hacer para obtener resultados óptimos del personal empresarial. Ya que entre el 65% y el 85% de los costos operativos de un negocio (sin tener en cuenta los costos de los productos ofertados) se consume en salarios y pagos, su habilidad como líder para monitorear ese dudoso 50% de inversión salarial —que se gana o se pierde permitiendo que los empleados trabajen al ritmo del 50% de su capacidad—, así como sus estrategias para canalizar los altos niveles de productividad y desempeño, lo habilitan a usted para que desde su cargo marque una diferencia real en términos de producción.

Identifique lo que necesita aprender

Algo que damos por cierto es que todo líder excelente de hoy alguna vez también fue un líder *débil*. Todos comenzamos desde abajo, sin ninguna clase de habilidad gerencial, independientemente del título que cada uno sustentemos al inicio de nuestra carrera. Mi experiencia personal es un buen ejemplo. Recuerdo cuando fui promovido por primera vez para pasar de ser un vendedor destacado a recibir un cargo como gerente de ventas con más de 30 vendedores bajo mi responsabilidad. Estaba convencido de que esta sería mi gran oportunidad para demostrar mis habilidades de liderazgo.

Sin tener ninguna experiencia gerencial comencé a dar órdenes de inmediato, diciéndole a mi equipo que hiciera ciertas cosas y que dejara de hacer otras. Aleccioné tanto individual como grupalmente para demostrar mi conocimiento superior así como mis capacidades en el área. Critiqué a algunos por sus errores o falta de productividad y amenacé con despedir a quienes no mejoraran ni caminaran recto bajo mi liderazgo.

Ignoré las miradas hoscas y las caras arrugadas y pasé por alto el silencio con que era recibido en todo sitio al que me atrevía a entrar. Los grupos de vendedores me ignoraban y se quejaban entre ellos acerca de mi comportamiento y de la forma en que los estaba tratando.

Una semana después de mi ascenso a mi posición gerencial llegué una mañana a la oficina y estaba vacía. Todos se habían ido. Se desaparecieron como si hubiera habido el rumor de una bomba. La única persona que se quedó fue la secretaria, quien me informó que el vendedor estrella de la compañía, —un hombre que era muy popular e influyente entre los otros vendedores—, había organizado calladamente al grupo y que luego le hizo la oferta a la competencia para que recibiera al equipo completo junto con nuestros clientes, con el fin de vender un producto similar para nuestra firma rival. Todo debido a la manera en que yo había estado tratándolos y a cierta presión de grupo. Así que el equipo completo se marchó.

Estudie la situación

¡Estaba desconcertado y no lo podía creer! Sabía que cuando mi jefe se enterara yo quedaría despedido y puesto en la calle, exactamente en el lugar en el que comencé años atrás.

Sin saber qué hacer, le pedí consejo a un vendedor más experimentado y sabio; le conté lo ocurrido y le pedí que me ayudara. Como él ya había pasado por una situación similar a comienzos de su carrera, me explicó lo ocurrido y los errores que cometí, junto con lo que me era necesario hacer inmediatamente para reversar la situación.

Primero, tenía que estar dispuesto a aceptar que yo personalmente había cometido el más grande error y que era mi responsabilidad rectificarlo. La siguiente clave para resolver este problema estaba directamente relacionada con el vendedor encargado de causar la dispersión. Si yo lograba que él volviera antes que el grupo se instalara dentro de la competencia, lograría arreglar la situación.

Busque un acuerdo

Su nombre era Felipe. Lo llamé de inmediato y le propuse una cita. Él se apareció con otros tres vendedores estrella, como en las reuniones de la mafia, y me preguntó qué quería. Yo me disculpé en seguida por mi mal trato, prometí no volver a menospreciarlos y le pregunté qué era necesario para que él y el equipo entero regresaran a la compañía. Después de una conversación en privado con sus *consejeros*, me dijo lo que yo tendría que hacer.

Sus peticiones fueron simples. Yo lo nombraría mi asistente para que él me sirviera de intermediario con el equipo entero de ventas. De ahí en adelante yo trataría a la gente con respeto y si tenía problemas con alguien, hablaría con él antes de criticar o quejarme en público. Estuve de acuerdo y al día siguiente todo el equipo de ventas reapareció en la oficina, listo para trabajar.

De esa experiencia de aprendizaje gradualmente pasé a ir construyendo equipos de ventas en seis países, reclutando, entrenando, dirigiendo, nombrando líderes y ayudándoles a administrar sus operaciones con éxito. Al poco tiempo cada uno de los equipos de ventas estaba produciendo excelentes resultados para la compañía. Y yo aprendí una lección valiosa que nunca olvidé.

Lo esencial del asunto

He aquí la lección: la manera en que usted trata a su personal —lo que usted dice y hace causando un estímulo *emocional*—, es más importante para sacar a relucir lo mejor de ellos, que toda la educación, inteligencia o experiencia que usted tenga haciendo su trabajo. Lo más importante es que, como usted está influenciado y motivado por las mismas razones que ellos, ya usted sabe todo lo que necesita para convertirse en un líder destacado; ya entiende cómo liberar el potencial de la gente a su alrededor; ya sabe cómo llevarlos a ser un equipo de alto rendimiento que produzca constantemente resultados muy superiores para su empresa. Sólo necesita ponerlo en práctica.

En las siguientes páginas usted aprenderá o repasará conceptos sobre cómo sacar a relucir lo mejor de casi toda persona que trabaja para usted. Al mismo tiempo comprenderá por qué usted siente y piensa de la manera que lo hace acerca de sí mismo y de su trabajo; por ende, le será más fácil entender desde el punto de vista profesional, las razones por las cuales otra gente piensa, siente, reacciona y responde de la forma que lo hace en el lugar de trabajo. Además va a experimentar los beneficios del "efecto búmeran" —haciendo y diciendo específicamente aquello que logre que la gente se sienta grandiosa acerca de sí misma—, y como consecuencia, usted también se sentirá feliz consigo mismo.

Peter Drucker dijo en una ocasión que el cambio más importante que usted debe lograr en su vocabulario es hacer un giro en el uso del concepto *éxito* y encaminarse hacia el uso del concepto de *contribución*. Cuando usted comienza a pensar en términos de contribución, toda su actitud acerca de sí mismo como mánager, junto con la actitud de otros en su lugar de trabajo, cambia positivamente.

¿Por qué la sinergia es la clave?

La mayor contribución que usted necesita hacer desde su gerencia a su lugar de trabajo es sacar a relucir lo mejor del personal que le asignaron. Esto requiere de sinergia. Dicho concepto se refiere a la habilidad de un grupo para trabajar en armonía con el fin de lograr ampliamente más del total de la capacidad de cada individuo, puesta en conjunto con la de los demás. Se ha dicho que "nadie es tan bueno solo como somos todos unidos".

Cuando la gente tiene la capacidad de sinergizar, los logros de 4 ó 5 individuos son equivalentes a los de 6 ó 7. Los resultados de 8 ó 10 se convierten en los de 15 ó 20. En este sentido su función también consiste en volverse un "multiplicador". Cuando su personalidad, talentos y habilidades se multiplican dentro de cualquier grupo, el rendimiento y los resultados alcanzados deberían ser ampliamente mayores que el simple hecho de agregar una persona más al grupo. Su trabajo consiste en ser el catalizador que activa y motiva mayores niveles de emprendimiento que los que se producían antes de su llegada a gerenciar este mismo equipo.

Retome la regla de 80/20

Una de las preguntas persistentes en el área de los negocios ha sido siempre: "¿Por qué algunas empresas son más exitosas y prósperas que otras?".

¿Por qué el 20% de las compañías gana el 80% de las utilidades de cada industria? ¿Por qué el 20% de las organizaciones disfruta del 80% del crecimiento de una industria en particular? ¿Por qué el 20% de los negocios vende el 80% de los productos y servicios ofertados en el mercado? ¿Por qué algunas compañías tienen mayor éxito que otras?

La respuesta es simple: las mejores compañías tienen a *los mejores líderes*. Es decir, cuentan con la gente más capacitada, que es precisamente aquella que se proyecta con consistencia y se prepara para competir y obtener un rendimiento cada vez más elevado con el propósito de sobrepasar a sus competidores.

La medida real de su valía como gerente es su *desempeño*. Es su habilidad para sobrepasar los resultados más importantes que se esperan de usted. Como buen artesano, sus herramientas son las personas con quienes usted realiza una labor conjunta. Todo lo que usted planea se realiza por medio de *equipos* y la calidad del grupo se determina por el desempeño individual de sus integrantes. Su habilidad para conseguir lo mejor de cada persona determina en gran manera el resultado final, sus recompensas, sus ingresos, sus posibilidades de ascensos y su más alto nivel de éxito en el negocio.

Existen dos reglas simples para triunfar como mánager: la primera dice que "su vida sólo mejora cuando usted mejora". Y la segunda dice que "su gente sólo mejora cuando usted mejora".

Ya que no existe límite en cuanto a qué tanto es posible mejorar en las semanas y meses por venir, tampoco hay límite en cuanto a sus posibilidades para mejorar su liderazgo, ni para alcanzar la cantidad y calidad de los resultados que usted proyecta desde su cargo o posición.

Así que a medida que vaya progresando en esta lectura, prepárese para adquirir estrategias prácticas y comprobadas que liberan el potencial de su equipo, incrementan significativamente sus resultados y premios y le permiten convertirse en un gerente y líder destacado a lo largo de su carrera.

CAPÍTULO UNO

Feliz por las razones adecuadas

"Elija el mejor y más grandioso estilo de vida
que crea posible porque usted se convierte
en aquello en lo que cree".

—Oprah Winfrey

En mis clases de Mercadeo y Ventas usualmente les pregunto a los participantes: "¿Qué tanto del porcentaje de las decisiones humanas es racional y qué tanto es emocional?".

La mayoría contesta que entre el 80%/20% y el 90%/10%. Luego completo el ejercicio resaltando que el 100% de las decisiones del ser humano es emocional. Todos, incluido usted, decidimos *emocionalmente* y luego nos justificamos por medio de la razón. Tomamos determinaciones emocionales de manera instantánea, a veces hasta con un vistazo superficial sobre la situación o con sólo una parte de la información; posteriormente pasamos varias horas, e inclusive meses, lamentando con justificaciones racionales lo que hicimos de forma emocional.

Entonces pregunto: "¿Cuál es la motivación emocional más frecuente detrás de toda acción y conducta humanas?".

Después de algunas respuestas como "dinero", "miedo al fracaso", "deseo de obtener ganancia" y hasta "amor", todo el mundo está de acuerdo en que la motivación particularmente más fuerte es "el deseo de ser feliz".

Aristóteles habló a este respecto en su *Ética nicomaquea* planteando que detrás de toda motivación humana existe otra motivación todavía más intrínseca que la inicial, la cual finalmente termina siendo la motivación básica para todo: ser feliz.

Clientes felices

La razón por la cual muchos hacen compras se debe a que sienten que serían más felices después de adquirir lo que compraron —de lo que eran antes de comprarlo. La gente compra anticipándose a cómo cada uno piensa que va a *sentirse* como resultado de lo que obtuvo. El objetivo del vendedor es ofrecer "esperanza", esa clase de expectativa por alcanzar una felicidad mayor; en el momento de la compra pocos se detienen a pensar en el efecto que causa cualquier decisión humana, incluyendo aún las decisiones adquisitivas.

La pregunta esencial en el campo de los negocios es: "Si el propósito de una empresa es *conseguir y mantener un consumidor*, ¿cuál es la meta más importante que debe alcanzar toda empresa con cada cliente si aspira a que este le compre vez tras vez?".

La respuesta es sencilla: "Haga que el comprador se sienta feliz de haber hecho negocios con su empresa", que esté más contento durante todo el proceso de compra: desde el principio mismo de la oferta hasta después que se haya cerrado el negocio y se le preste servicio al cliente; que note que no estaría sintiéndose así de realizado si hubiera negociado con alguien que no hubiera sido usted. ¡La felicidad es la clave!

Empleados felices

La pregunta lógica de estos lineamientos —en cuanto a mi cuestionamiento sobre la felicidad— dirigida a los líderes es: "¿Cómo saca a relucir usted lo mejor de cada persona que trabaja en su equipo?".

¿Cómo logra que su personal esté dispuesto a contribuirle con altos niveles de energía física, emocional y mental y a realizar el trabajo con la mayor productividad posible? ¿Cómo consigue que su personal sea comprometido, leal y dedicado a usted y a su empresa? Desde su cargo gerencial o como dueño del negocio, ¿cómo hace para que el equipo trabaje unida y armoniosamente buscando siempre la forma de realizar su trabajo de la mejor forma, más rápido y a costos más bajos?

La respuesta es: *Haga que su personal se sienta feliz*. Organice el trabajo desde el primer paso —empezando por el proceso de selección y contratación de toda su nómina—, hasta el último momento —consistente en la ceremonia de pensión y retiro—. Así sus colaboradores estarán felices con usted, con su trabajo, con los compañeros, con los proveedores, con los vendedores y con todo lo que hagan que se relacione con la manera de aportarle positivamente a la empresa.

A través de los tiempos, los sabios, los investigadores y los científicos de todas las clases, han buscado "una teoría de campo unificada", un principio que explique todos los demás principios. La formulación de Einstein con respecto a la teoría de la relatividad ($E=mc^2$) fue un descubrimiento que superó a la Física Newtoniana a comienzos del Siglo XX y aún se aplica y expande en la actualidad, a medida que otros continúan en la búsqueda de la teoría unificada en el campo de la Física.

En el área del liderazgo y la motivación, "hacer que la gente se sienta feliz" es precisamente la teoría de campo unificada. Ese es el principio que explica todos los demás principios.

Practique La Regla de Oro en su labor gerencial

Afortunadamente "hacer que la gente se sienta feliz" es tanto sencillo como fácil de lograr. Todo lo que usted necesita es poner en práctica la Regla de Oro en todas sus acciones: "Haga con los demás como a usted le gustaría que ellos hicieran con usted". Existen muchas ideas que se han descubierto a lo largo de los siglos para mejorar las relaciones humanas, pero ninguna es superior a este sencillo principio. De hecho, esta regla constituye la base subyacente, la premisa más importante de las religiones más destacadas del mundo.

El reto no tiene nada que ver con *no saber* cómo conseguir que la gente esté feliz en su trabajo. Todos sabemos *exactamente* qué hacer. El problema es que no queremos, que se nos olvida, que somos negligentes para llevarlo a cabo porque nos distraemos con otros asuntos o porque no comprendemos su importancia. Y lo que es peor, realizamos todo lo que hace infelices a los demás y después justificamos nuestra conducta con excusas que nos dejen bien parados racionalizando y pretendiendo hacer lógico nuestro mal comportamiento.

El punto de inicio para hacer felices a otros comienza analizando por qué y cómo ellos actúan de la manera que lo hacen. Luego sí será más fácil entender cómo lograr que sus empleados se enganchen totalmente en su trabajo para obtener aquellos resultados de los cuales depende el éxito y se incremente el nivel de competitividad dentro del mercado. También es importante para usted que revise cómo ha desarrollado su personalidad hasta llegar a ser como es actualmente, cómo producir su o máximo desempeño laboral, cómo practicar "la administración motivadora" y cómo obtener lo mejor y lo máximo de sí mismo en todo lo que realiza.

Un curso intensivo sobre felicidad

Dado que usted se encuentra leyendo este libro, muy probablemente se sienta sobrecargado teniendo demasiado que hacer en muy poco tiempo. Muchos lectores de libros de negocios difícilmente pasan del primer capítulo. Por esta razón, en este punto preparé un curso intensivo para mostrarle cómo lograr que su personal se sienta feliz y dé lo mejor de sí.

Le propondré 25 ideas, no necesariamente en orden, para que al aplicarlas usted sepa cómo desarrollar un ambiente de trabajo apto para obtener alto rendimiento y asegurar que cada empleado haga su máxima contribución a la compañía. En las páginas posteriores a estas 25 aplicaciones ampliaré y ahondaré más profundamente en algunas de ellas. Pero empiece de la siguiente manera:

1. *Sonría:* cuando vea a alguien por primera vez durante el día, sonríale. Mírele directo a la cara, haga una pausa y sonría asegurándose de hacer evidente que usted se alegra de verle. Se requieren solamente 13 músculos para sonreír y 112 para lucir serio, así que es mucho más fácil sonreír constantemente. Su sonrisa propicia un ambiente feliz.

2. *Haga preguntas:* hable con todos, averígüeles cómo se sienten y cómo les va. Cuando usted expresa un interés genuino hacia los demás, ellos se sienten valiosos, respetados e importantes. Experimentan bienestar internamente y quieren complacerle haciendo el trabajo que les corresponde.

3. *Escuche:* cuando le hablan, preste total atención. Cuando usted no les interrumpe, las personas se sientes importantes y valiosas. Su autoestima aumenta. Que el jefe escuche realmente lo que tenemos para decir, de hecho libera endorfinas que causan euforia y amor propio. Cuando usted escuche, asienta, sonría y mire cortésmente, cara a cara. Demuestre que lo que le están diciendo es de gran interés e importancia para usted. Escuchar activamente toma sólo unos pocos minutos diarios, pero tiene un efecto positivo en la forma en que la gente realiza su trabajo.

4. *Sea cortés:* demuestre respeto al hablar con todos los integrantes de su equipo. Trátelos de manera que se sientas talentosos, inteligentes y realizados. Inclínese y ubíquese frente a ellos como si no existiera nada más en el mundo que usted quisiera estar haciendo que interactuar con ellos en ese preciso instante, ya sea de manera individual o frente al equipo entero.

5. *Dé las gracias:* por todo lo que su personal haga, ya sea pequeño o grande, pero agradézcales por llegar a tiempo a la reunión, finalizar una actividad, mantenerlo informado y por cada cosa que ellos logren y que sea parte de su trabajo. Cuando usted les expresa agradecimiento, sus colaboradores se sienten más valiosos e importantes. Debido a que sus palabras tienen un profundo impacto en sus pensamientos, sentimientos y comportamiento, cuando usted les agradece logra que los demás se sientan agradados con su trabajo y consigo mismos.

6. *Manténgalos informados:* acerca de la compañía, del negocio y especialmente de lo que está ocurriendo y tiene impacto sobre su trabajo o su estabilidad en el trabajo. Los miembros del personal más satisfechos dentro de una organización reportan que al estar actualizados en la información se sienten influyentes, que están al tanto de todo lo que acontece alrededor y que los afecta en el aspecto laboral en cualquier sentido.

Esto ayuda en la práctica de la regla de la puerta abierta. Decirle a la gente que no existen secretos y que si en cualquier momento alguien tiene preguntas referentes a lo que esté ocurriendo interna o externamente en la organización, tal persona se sienta libre de cuestionar porque sus dudas serán resueltas.

7. *Promueva el desarrollo:* haga que la gente proponga ideas nuevas para realizar un trabajo óptimo o para mejorar la compañía en cualquier área posible. Los japoneses reconstruyeron su perspectiva económica después de la Segunda Guerra Mundial mediante el *Sistema Kaisen*, el cual se basa en un "mejoramiento empresarial continuo".

Ellos animan a toda persona y en todo nivel a buscar avances grandes y pequeños que puedan realizar desde su "línea de trabajo". Usted debería hacer lo mismo. Cuando alguien proponga una idea, sin importar lo que usted opine de ella inicialmente, anime a esa persona a intentarlo a pequeña escala para ver si funciona.

Entre más ideas usted patrocine, más ideas va a obtener. Y cuando la gente se anima a emplear creatividad para realizar su trabajo de la mejor manera, se siente mucho más feliz acerca de sí misma y de la empresa.

8. *Trate a sus empleados como voluntarios:* como si estuvieran trabajando gratuitamente. Imagine que cada miembro de su personal es alguien talentoso y realizado que podría estar trabajando en cualquier lugar que se propusiera pero ha decidido hacerlo para usted porque usted y su compañía le agradan.

En organizaciones sin ánimo de lucro, donde casi todos son voluntarios, cada individuo que colabora dentro de las actividades de la organización recibe un trato muy respetuoso porque los administradores quieren que personas así regresen y continúen ayudando en el futuro. Cuando usted trata a sus colaboradores como si ellos fueran voluntarios sin sueldo, individuos que están donando su tiempo para ayudarle a usted y a su empresa porque les agrada y disfrutan de lo que ellos están haciendo, usted sabrá tratarlos mejor. Eso causará que ellos se sientan más satisfechos de trabajar y hacer su parte.

9. *Imagine a sus empleados como si fueran clientes de $1 millón de dólares:* piense en la forma en que su personalidad cambia cuando usted escucha la voz de uno de sus clientes importantes en el teléfono. Instantáneamente usted se vuelve más cálido, amigable, atento, encantador y respetuoso. Su conducta es la mejor. No importa lo que el cliente diga, usted permanece cordial, paciente, amigable y agradable.

Ahora imagine que cada uno de sus empleados se encuentra en una posición influyente para comprar $1 millón de dólares en productos o servicios de su empresa. Cuando usted trata a los miembros de su personal de la misma forma que trataría a uno de sus mejores clientes, esta buena actitud tiene un efecto positivo enorme sobre ellos y hace que se sientan muy bien consigo mismos y con el hecho de trabajar para usted.

10. *Pague bien:* remunere justamente a sus colaboradores pagándoles por la contribución que ellos le hacen. Aunque el dinero en sí mismo no es la mayor motivación, recibir un pago inferior a lo que la persona merece es el mayor elemento de desmotivación.

El hecho es que la gente experta goza de libertad ya que contribuye a la compañía con más de lo que esta invierte en salarios y beneficios. Las empresas crecen solamente en la medida en que saben atraer y mantener en su nómina a la gente destacada cuyo trabajo siempre incrementa las ganancias de la empresa.

Cuando usted analiza que la gente que tiene contrato a término indefinido ha construido un enorme cúmulo de capital intelectual basado en su empresa, cuando observa el trabajo que ellos hacen y lo bien que lo hacen, así como la cantidad de personas con las que trabajan tanto interna como externamente, usted se da cuenta de lo difícil y costoso que resultaría remplazarlos.

Si no está seguro, es mejor que pague a su gente más que menos. Ofrézcales un incremento en el sueldo en lugar de esperar a que ellos vengan a usted a pedirle un aumento. Dígales cuánto valora su trabajo y contribución y demuéstrelo financieramente. Así usted hará que ellos se sientan valorados e importantes, con deseos de ser más leales tanto a su negocio como a usted.

11. *Exalte a su personal:* tome tiempo para admirar sus posesiones, su apariencia, sus cualidades o rasgos. A todos nos gusta que nos halaguen. Elogie a la gente que trabaja con usted por algo agradable, por alguna prenda de ropa, un bolso, un maletín ejecutivo, hasta por un corte de cabello o un cambio de estilo acertado. Resalte cualidades y actitudes proactivas: "Eres muy persistente", "Siempre haces un trabajo impecable".

La gente invierte mucho tiempo y emociones en su apariencia personal, en sus hogares, carros, metas y hasta en su manera de comportarse. Cuando usted toma un minuto para notar y comentar positivamente acerca de cualquiera de estas áreas, usted hace que la gente se sienta valorada, especial y más feliz acerca de sí misma y de lo que está haciendo.

12. *Garantice armonía:* usted quiere que su equipo se constituya de gente paralelamente competente. Una de sus funciones más importantes como gerente y líder es asegurarse de que todos trabajen dentro de una atmósfera de armonía y felicidad.

Una persona negativa o difícil contamina todo el ambiente de trabajo. Su función gerencial también consiste en garantizar que su personal esté contento produciendo dentro de buenos parámetros de compañerismo. Y cuando sea del caso, le corresponde tomar las medidas necesarias para animar a esos sujetos negativos a que se vayan a trabajar a otro sitio.

13. *Halague constantemente:* dele con frecuencia crédito a su gente por la eficacia con que responden a sus labores, hágales saber su aprobación por cada logro, tanto grande como pequeño. Una de las definiciones de autoestima es el grado de aprecio en el que la persona se siente.

Cada vez que, por alguna razón, usted muestra su beneplácito hacia alguien, inmediatamente le sube su autoestima y hace que esa persona se sienta más valiosa e importante. Cuando los integrantes de un equipo se sienten bien acerca de sí mismos debido a los halagos del jefe, ellos se motivan internamente a repetir la conducta o desempeño que les permitió ganarse ese elogio. Como resultado, procuran obtener más y más logros importantes y ser cada vez mejores en su campo de acción.

Las reglas del halago son sencillas:

Primera, *incentive inmediatamente.* Halague justo después que alguien haya hecho algo que merezca el halago. Mientras más rápido usted elogie, mayor será el impacto.

La segunda regla es *elogiar específicamente.* Mencione el trabajo o meta exacta que ese miembro de su equipo alcanzó y hable sobre la medida precisa en que lo logró. Mientras más específico sea su halago, más fácil será para su colaborador volver a alcanzar esa meta en el futuro.

Tercera regla, *honre públicamente.* Cada vez que usted decida elogiar a alguien frente a una o más personas, la fuerza del halago que influencia esa conducta se multiplica por el número de personas que escuchan el halago.

Todo buen gerente busca continuamente oportunidades y lugares para destacar los logros de sus subalternos frente a los demás. Esto es algo que sólo el líder puede hacer; cuando usted lo hace consistentemente y bien, la gente se siente maravillosamente respecto a sí misma y en cuanto a trabajar con usted.

14. *No critique:* rehúsese a criticar, condenar o quejarse de algo o alguien por las habladurías de los demás. La negatividad de cualquier clase, sin importar cómo se justifique, desmoraliza y hace que la gente se sienta insegura y desdichada.

Si usted tiene un problema, guárdeselo para sus adentros. Pero si atraviesa una situación difícil y necesita comentarla, hágalo explicándoles a quienes usted considere necesario lo que ha pasado objetivamente y sin mezclar sus emociones. Luego pregunte si alguien tiene alguna idea, pasos a seguir o acciones por tomar que sean útiles para solucionar el problema o resolver la dificultad.

No hay nada de malo en tener problemas, dificultades, obstáculos, retrasos y adversidades en el lugar de trabajo. Estos ocurren todos los días. La única pregunta que vale la pena que usted se haga es cómo responde usted a los retos.

Decida que sin importar lo que pase, usted se enfocará en el futuro y en la solución, que se concentrará en lo que puede hacer en el momento, en lugar de preocuparse por lo que ya pasó. Manténgase enfocado junto con todo su equipo en hallar maneras creativas de sobreponerse a los obstáculos y conseguir sus metas.

15. *Celebre los éxitos:* normalmente usted quiere celebrar los éxitos, tanto de los individuos como del grupo. Qué tal si le pide a su secretaria que mediante una llamada al restaurante más frecuentado por los miembros de su equipo, ordene almuerzo para todos en la oficina con el fin de celebrar el cumplimiento de una meta, como por ejemplo el cierre de

un contrato importante, o sencillamente para demostrar su aprecio por el buen desempeño del grupo.

Para metas más significativas, organice una invitación más formal a un restaurante. O inicie algunas de sus reuniones de personal, destacando la labor de uno o más de sus colaboradores por haber realizado algo sobresaliente y los aplaude junto con el resto del grupo.

Cada vez que usted celebra el cumplimiento de metas, la persona agasajada es doblemente motivada a lograrlas de nuevo y es posible que todos aquellos que están presentes en el momento también quieran hacer algo para ganar la misma clase de felicitación.

16. *Muestre interés por su personal:* haga evidente que le importa lo que ocurre en sus vidas fuera del trabajo. Pregúnteles sobre la familia, sus relaciones, qué hacen cuando no trabajan, cómo van en general. El hecho es que cada individuo tiene una vida compleja, ocupada, cargada emocionalmente fuera de su sitio de trabajo. Para muchos, su vida personal es el centro de casi todo lo que piensan y sienten; su vida laboral es secundaria.

Cuando usted se interesa genuinamente en los demás y los ve como individuos en lugar de solamente trabajadores, ellos se sienten valorados e importantes. Cada detalle en que usted se interese por ellos, los hace felices.

17. *Sea un mentor:* busque maneras de guiar a su personal para que aprendan, crezcan y mejoren en lo que hacen. Sugiera libros y artículos, inclusive cómprelos para conformar un banco de libros de la empresa. Anímelos a tomar seminarios y cursos; ofrezca ayuda financiera para quienes quieran tomarlos; deles tiempo libre a sus empleados para que se desarrollen a nivel profesional.

Uno de los grandes deseos de cada individuo es aprender, crecer y ser más valioso. En su posición como líder, usted ha aprendido enormemente acerca de aquello que sus empleados necesitan implementar para llegar a ser más eficientes para sí mismos y para la empresa.

Algunos gerentes se preguntan qué ocurre si entrenan a su personal y después ellos se van para incorporarse a otros trabajos. Esa es una pregunta errada. La pregunta correcta es: "¿Qué pasa si la empresa *no* los entrena y ellos *se quedan*?".

Mientras más tiempo usted se tome para servir como mentor a su equipo, para guiarlos y aconsejarlos, para animarlos a aprender y crecer, mejor se sentirán ellos acerca de sí mismos y más probablemente querrán permanecer con usted por largo tiempo.

18. *Dé libertad:* permita que el personal haga su trabajo libremente. A la gente le agrada saber exactamente qué es lo que usted quiere que ellos realicen, pero además, que se les permita hacer el trabajo lo más libremente posible.

Anime a sus colaboradores a aceptar un nivel de responsabilidad alto en la realización de sus labores, así como en la forma en que se organizan a sí mismos y distribuyen su tiempo. A medida que ellos demuestren que son confiables y autodirigidos, otórgueles más y más libertad para alcanzar mayor excelencia. Mientras más libertad vean ellos, dentro de límites claros, más felices se sentirán consigo mismos y con la labor que desempeñan, por lo tanto lograrán más metas.

19. *Protéjalos:* del negativismo, de la rudeza y el maltrato de otra gente, tanto dentro como fuera de la organización. Este punto es definitivo. Nunca permita el maltrato entre los trabajadores de su empresa, de la misma manera en que tampoco permitiría que se lastimara a ningún miembro de su familia.

Si alguien de su compañía maltrata a un compañero, usted deberá hacer enfático su rechazo ante ese hecho y asegurarse inmediatamente de que no ocurra nuevamente. Si alguien externo, inclusive un cliente, es rudo o abusivo con uno de sus colaboradores, encárguese del asunto con rapidez y no deje que vuelva a ocurrir.

Cuando su equipo sabe que usted los cuida y protege de conductas y palabras negativas, ellos se sienten más seguros y felices en su lugar de trabajo. Este es un punto fundamental en la obtención de un alto desempeño.

20. *Véalos como a sus hijos:* cuando usted realmente ama a sus hijos y se interesa en ellos, les tiene paciencia a medida que ellos avanzan en su curva de aprendizaje. La cuestión es que "los adultos no somos más que niños con excusas más sofisticadas". Sin importar qué tan mayores seamos, seguimos siendo como niños en muchas áreas. Cuando usted ponga en práctica la paciencia, la compasión y la tolerancia con su personal, igual que lo haría con sus hijos menores en proceso de crecimiento, toda su actitud y comportamiento hacia ellos mejorará.

Cuando usted está criando a sus hijos, piensa en cuál será su conducta a largo plazo hacia ellos y se da cuenta que los altibajos que ellos experimentan a medida que crecen, son insignificantes si se miran en un contexto más amplio, relacionado con la clase de personas en que ellos se convertirán al llegar a su edad adulta. Por lo tanto, usted no se desmide en su reacción cada vez que sus hijos hacen o dicen algo inadecuado. Después de todo son sólo niños.

Cuando usted proyecta esta forma de pensar hacia su personal y no juzga, es paciente y acepta, brindándoles apoyo total, usted está creando un ambiente seguro en el cual la gente se siente motivada a expresarse ampliamente y a hacer su mejor trabajo.

21. *Sea simpático y agradable:* decida ser cordial, positivo y encantador con todos y cada uno de los integrantes de su equipo. Trátelos cálida y amigablemente. Sea siempre optimista y alegre.

El tono emocional del líder condiciona el tono emocional del equipo entero. La gente es muy sensible a los pensamientos y conductas de quien está a cargo de firmar el cheque de su salario. Cuando usted es positivo y alegre, proporciona una atmósfera en la que los demás también son positivos y alegres. Si usted está ofuscado y malhumorado, sus emociones y actitudes ejercen inmediatamente un efecto negativo en quienes lo rodean.

Una de sus mayores responsabilidades como persona al mando es crear un medio ambiente en el que la gente se sienta a gusto, positiva, segura y valorada. Y lo logra a través de cada palabra, de cada mirada, de cada respuesta que da a las diferentes actividades que ocurren a su alrededor.

Los ejecutivos más expertos piensan en términos de las *posibles consecuencias* de las conductas que ellos asuman. Es por eso que en lugar de enfrascarse en ofuscaciones inmediatas o irritarse, practican el autocontrol, reflexionan sobre cómo su forma de proceder afecta los pensamientos y comportamientos de los demás, por eso actúan apropiadamente.

22. *Construya:* hable positivamente de su personal con otra gente, lúzcase con respecto a sus colaboradores en toda ocasión. Hable brillantemente acerca de los integrantes de su equipo con los otros integrantes del equipo mismo.

Como usted es el jefe, todo lo que usted diga será repetido e irá de boca en boca. Cada vez que usted diga algo agradable sobre alguien, sus palabras llegarán a esa persona casi instantáneamente y de manera positiva.

Igualmente, si dice algo negativo, sus palabras llegarán a oídos de la persona en cuestión y lo que usted diga será multiplicado fuera de toda proporción, distorsionado y negativo. ¡Tenga cuidado!

23. *Sea claro en cuanto a la descripción de los cargos:* asegúrese de que cada individuo sepa exactamente qué se espera de él, cómo será evaluado y cuándo debe entregar su trabajo. Uno de los mejores aportes que usted debería hacerle a su personal (tema del que hablaré en otros capítulos) es la *claridad*. Mientras mayor claridad tenga la gente acerca de lo que usted quiere que ellos hagan, así como la forma en que serán evaluados, más fácil les será involucrarse de lleno en sus funciones y sentirse satisfechos de su trabajo y de lo que hacen.

24. *Retroalimente:* deles a sus empleados retroalimentación constante, consejo y guía sobre sus funciones y cómo las están ejecutando. Mientras más retroalimente, mejores serán los resultados y más a gusto se sentirán usted y ellos.

Tomar tiempo para sentarse y conversar con sus compañeros de trabajo sobre lo que ellos hacen y cómo van, con frecuencia se traduce en oportunidades para resolver dificultades, dar consejos y asegurarse de que cada uno desarrolle su trabajo lo más apropiadamente posible.

Cuando una persona entiende lo que debe hacer y obtiene la retroalimentación adecuada de parte del jefe, se siente valiosa y feliz consigo misma. Lo mismo ocurre con los grupos de trabajo.

25. *Trate a su equipo como a su jefe:* considere a cada uno como si fuera a ser promovido para convertirse en su jefe en los siguientes dos meses y suponga que sólo usted conoce esa decisión. Cuando usted piensa en trabajar bajo las órdenes de la persona que actualmente recibe órdenes suyas, su forma de tratar a esa persona cambia y se hace más positiva. Usted se vuelve más afable, considerado, balanceado y constructivo

en todas sus interacciones. Se preocupa por ser más cortés y respetuoso con esa persona que va a convertirse en su jefe en corto tiempo.

Al emplear esta forma de pensar como una guía para tratar a sus empleados, se asombrará de cuán efectivo es usted y de qué tanto sus resultados y los de su personal se incrementan.

Como verá, cada una de estas 25 recomendaciones requiere un poco más que un cambio de actitud y comportamiento de su parte. No tiene que transformar su personalidad entera hasta convertirse en otra persona totalmente diferente. Para lograr que la gente se sienta feliz acerca de sí misma y de su trabajo, sencillamente trátela en la misma forma como a usted le gustaría que lo trataran, una y otra vez hasta que se convierta en una conducta automática y sencilla para usted.

En estos términos le será factible medir su éxito como líder, así como su productividad en el área en que es responsable; conocerá el futuro de su negocio evaluando a cada persona de la organización de 1 a 10, según el grado de infelicidad o felicidad que observe en cada una de ellas.

Piénselo. ¿Cómo calificaría en este momento a cada uno de los miembros de su personal? Y aún más, acérquese y propóngales que se califiquen entre sí en cuanto al grado de bienestar en que se encuentran actualmente. Luego pregúntele a cada uno: "¿Qué tendría que ocurrirle para que usted se sintiera más a gusto en el futuro?".

Cuatro maneras de cambiar

Existen sólo cuatro formas de cambiar algo acerca de usted, de su vida, su trabajo o sus relaciones con los demás:

1. Haga *más* ciertas cosas. ¿Qué debería estar haciendo más frecuentemente para construir un ambiente positivo, animado y alegre?

2. Haga *menos* ciertas cosas. ¿Qué debería hacer menos si quisiera que su equipo se sintiera más realizado diariamente?

3. *Empiece* a hacer algo que no ha hecho hasta hoy. ¿Qué necesita comenzar a hacer para causar que su equipo se sienta más feliz consigo mismo y con el trabajo que ejecuta? (Comience con alguno de los 25 consejos descritos anteriormente en este capítulo).

4. *Abandone* ciertas conductas. ¿Qué está haciendo que debería dejar de hacer?

Si no está seguro acerca de ninguna de estas preguntas, siéntese con su equipo, persona a persona o en grupo, y tenga el coraje y la honestidad de preguntarles: "¿Qué les gustaría que yo implementara en mi conducta de ahora en adelante? ¿Qué debo hacer más? ¿Qué debo hacer menos? ¿Qué necesito comenzar a hacer y a dejar de hacer?".

Comience a trabajar en una conducta específica

Tome nota y luego seleccione una conducta específica de su vida que parezca ser de gran importancia para los demás; luego, comience a trabajar en ella diariamente y ejercítela y manténgase alerta hasta que la maneje; de ahí en adelante, hágala parte permanente de su personalidad. Va a tomarle una semana, un mes o un año, pero el beneficio será extraordinario. Mediante su decisión de desarrollar en sí mismo un atributo de comportamiento constructivo, usted comenzará a transformar su lugar de trabajo y se convertirá en un gerente y líder destacado en los meses y años venideros.

Ejercicios prácticos

1. Identifique un tipo de conducta que de ser implementado haría que su empresa fuera un lugar de trabajo más placentero.

2. Decida saludar y hablar con cada uno de los miembros de su personal tan temprano y a diario como le sea posible.

3. Busque oportunidades válidas para elogiar a sus empleados por su labor y desempeño destacados.

4. Escuche con toda su atención cuando alguien le hable, ya sea individualmente o en grupo.

5. Trate a cada persona como si fuera vital para su negocio y estuviera pensando en buscar otro trabajo en el que se sienta más apreciada.

6. Hable con todos como si cada uno de ellos fuera a ser su jefe y a determinar su salario y obligaciones a partir del mes entrante.

7. Pregunte con frecuencia si existe algo que usted puede hacer para facilitar el trabajo de los demás.

CAPÍTULO DOS

La psicología de la motivación

"La única forma que usted tiene de triunfar es rindiendo más y mejor servicio que el que la gente espera de usted, sin importar la tarea que le haya sido asignada".

—Og Mandino, escritor

Hace algunos años, mientras me encontraba haciendo una conferencia y entrenamiento para Hewlett–Packard, aprendí una lección de uno de los departamentos de la compañía que estaba siendo administrado por los mejores gerentes en la historia de la empresa. La gente allí amaba tanto a la organización como a su trabajo de tal manera que se quedaban después de la jornada laboral y seguían trabajando durante la noche, inclusive aún después de ser descubiertos y tener que irse a descansar.

Se llegó al punto en que los guardias de seguridad debían recorrer las instalaciones de la empresa y quitar la energía eléctrica para forzar a la gente a irse a casa a las 10:00 pm y

11:00 pm. Entonces los empleados comenzaron a tomar los fines de semana para estar en sus trabajos con sus compañeros y trabajar más horas. HP tuvo que contratar más guardias de seguridad para evitar que la gente se metiera a sus instalaciones durante los fines de semana a continuar trabajando porque lo disfrutaban. Los empleados eran forzados a tomar tiempo libre con sus familias y se les incentivaba a tener más vida personal. ¡Qué historia!

Su habilidad para crear un ambiente donde su equipo se sienta totalmente enganchado con su trabajo y la empresa es esencial para usted cuando se trata de obtener lo mejor de su personal. Ya que cada individuo es distinto, complejo en muchos aspectos, con variedad de expectativas, temores, sueños, ambiciones y motivaciones, enganchar a su gente no es una labor simple pero sí es realizable.

En mis tiempos de juventud casi toda persona manejaba carro de cambios, introduciendo primera, segunda y tercera para producir velocidad máxima. Cuando el carro se manejaba apropiadamente, los cambios entraban con facilidad, suaves, silenciosos y eficientes de una velocidad a la otra. Cuando el carro se manejaba erróneamente o tenía una trasmisión vieja, los cambios molestaban, el sonido del motor era horrible y costaba trabajo para que los cambios volvieran a funcionar apropiadamente. De hecho, un buen conductor podía hacer los cambios sin necesidad de usar el embrague, simplemente incrementando o disminuyendo la velocidad a medida que pasaba de un cambio al otro.

Existe un paralelo definitivo con este concepto cuando se trata de querer sacar a relucir lo mejor de las personas. Un líder excelente, así como un buen conductor, sabe cómo hacer los cambios de poder, influencia y control suavemente, de persona a persona, e incorporar nuevo personal a un equipo de alto rendimiento sin necesidad de esfuerzos innecesarios. Todos trabajarán armoniosa y eficientemente juntos para cumplir las metas e impulsar la organización hacia lugares más altos. Esa es su función.

Comience por usted

El punto de inicio para lograr lo mejor de los demás es entenderse primeramente a usted mismo y saber qué lo motiva a dar lo mejor de sí. La razón para esto consiste en que usted necesita entender ampliamente algunos de los descubrimientos de la sicología de la motivación que han ocurrido en los últimos cien años.

El mejor examen para poner a prueba la veracidad de lo que nos motiva consiste en esta pregunta: "¿Esto realmente me motiva?". A medida que usted aprende cómo motivar a otros, pregúntese si sus propuestas también lo motivarían a usted. La primera parte de la palabra "motivación" es la misma raíz del término "*motivo*". Los motivos que usted le propone a la gente para motivarla, ¿lo motivan también a usted? Cuando usted ve claramente el vínculo entre lo que lo motiva a usted y lo que motiva a los demás, usted está en capacidad de aprender, internalizar y practicar tales principios más rápidamente que si sólo piensa en ellos como herramientas útiles para obtener lo mejor de la gente.

Una de las mejores formas de aprender e internalizar sobre cualquier tema es poniendo en práctica el que se conoce como "aprendizaje en doble vía". Consiste en que mientras usted está aprendiendo, lo haga conscientemente desde dos puntos de vista: el primero, pensando en cómo estos principios aplican a otra gente; el segundo, pensando en cómo le aplican a usted, a su vida y a sus experiencias personales.

Usted realmente entiende un nuevo tema, como por ejemplo el de la sicología motivacional, cuando se inmiscuye en el asunto. Usted necesita entender los principios de la motivación en términos de cómo estos le aplican y han afectado sus pensamientos, sus sentimientos y su comportamiento anteriormente.

Cada persona es única y diferente en incontables maneras. Pero cada una también es similar a otras en diferentes aspectos. Para ser un líder eficiente usted necesita una comprensión clara de por qué la gente hace lo que hace; y a la vez debe pensar en qué puede hacer usted para cambiar en usted mismo y en el ambiente de trabajo con el propósito de capacitar a su personal para que dé su mejor rendimiento.

Administración científica

En los inicios del Siglo XX la gran mayoría de los trabajadores industriales de Estados Unidos eran personas sin capacitación que dejaron sus fincas para trasladarse a las ciudades, tal como ocurrió en la Revolución Industrial de Inglaterra a principios de 1815.

En ese tiempo, cuando por primera vez las grandes organizaciones industriales se estaban conformando, el método de la "administración científica" de Frederick Taylor fue la influencia predominante en la administración y organización de los recursos humanos.

Taylor propuso que cualquier trabajo o serie de trabajos podía fragmentarse en actividades individuales. Asignando trabajadores a cada actividad —un proceso conocido como "la especialización laboral"— el promedio de los trabajadores, semicapacitados o sin capacitar, sería organizado en grupos de trabajo eficiente que manufacturaran productos complejos, tales como automóviles y electrodomésticos.

Taylor también hizo énfasis en la importancia de los "estudios de tiempo y movimiento", los cuales identificaban la forma más ágil de ejecutar funciones de manufacturación y la cantidad óptima de tiempo que debería invertirse en cada función. Aplicando los principios de Taylor a la manufacturación, fue posible organizar a miles de hombres y mujeres en gigantescos grupos dentro de enormes fábricas para producir inmensas cantidades de productos a precios bajos constantes que mantuvieran el nivel de calidad.

Uno de los retos de la administración científica consistía en que los trabajadores dependían totalmente de decisiones, organizaciones y supervisión externas. Los trabajadores eran considerados ampliamente intercambiables, así que eran trasladados de una labor a otra según el deseo del capataz, el supervisor o el administrador.

El Conductismo se populariza

La estandarización y homogenización de los trabajadores llevó a B. F. Skinner a su influyente descubrimiento en sicología motivacional conocido como "Conductismo". Los individuos eran considerados principalmente como organismos que podían ser motivados o desmotivados por medio de recompensas y castigos. Si usted quería que ellos hicieran algo, tal como trabajar productivamente junto con otros para manufacturar productos en las fábricas, usted sólo tenía que elevar el nivel del premio para lograr que lo hicieran; así mismo, sólo tenía que elevar el nivel del castigo para evitar que hicieran algo que usted no quería que hicieran. Este método es aún común para controlar la conducta de los niños actualmente, al igual que en los lugares de trabajo modernos.

Como resultado de estandarizar el proceso de trabajo, grandes cantidades de gente fueron organizadas, la productividad aumentó y los precios bajaron —y como consecuencia, los productos manufacturados como los automóviles, por primera vez fueron de acceso al trabajador común.

El trabajo rutinario es aburridor

El inconveniente de la estandarización de la mano de obra y la administración científica consistió en que los trabajos comenzaron a volverse simples e increíblemente *aburridores*. Trabajar en una línea de producción hora tras hora, ganando un salario fijo, era ideal para gente que recién acababa de llegar a la ciudad. Pero después de unos pocos años el aburrimiento fue sofocante e inaguantable. Los trabajadores se volvieron apáticos. Los movimientos sindicalistas surgieron para captar y canalizar esta apatía hacia el campo industrial. Los conflictos entre obreros y empleadores surgieron entre los dueños y administradores de las fábricas y quienes trabajaban en ellas.

En mayor o menor grado, la estandarización de la mano de obra y las grandes instalaciones industriales, combinadas con el creciente aburrimiento hacia el trabajo, terminó en cierres, huelgas, despidos y acciones industriales; se produjo el crecimiento y fortalecimiento de las uniones obreras para defender al trabajador inconforme con las formas de contratación a favor del dueño de la fábrica o del empleador. Tal situación continuó hasta los años de 1950 cuando, —como resultado del creciente fenómeno del "trabajo calificado" combinado con niveles de educación más altos entre los obreros americanos—, tanto los trabajadores rasos como los empleados se volvieron más individualistas, exigentes y selectivos en cuanto a la clase de trabajo que realizarían y a las condiciones bajo las cuales lo harían. Fue en ese entonces cuando uno de los grandes descubrimientos en sicología motivacional comenzó a aplicarse a tan novedosa y creciente fuerza de trabajo.

Los experimentos Hawthorne

Este descubrimiento sobre la comprensión de la motivación individual tuvo lugar en 1928 en Hawthorne Works, una planta eléctrica del Oeste justo a las afueras de Chicago. Siguiendo los principios de Frederick Taylor sobre administración científica, un grupo de especialistas en recursos humanos decidió experimentar con distintas maneras de incrementar la productividad en las mujeres ensambladoras de los motores eléctricos de esta fábrica. Revisaron los cientos de archivos en el Departamento de Personal de las mujeres pertenecientes a la planta y seleccionaron de entre ellas un grupo pequeño que fuera objeto de la investigación. Les dijeron a las mujeres seleccionadas que habían sido escogidas debido a sus excelentes hojas de vida. Los investigadores les explicaron que ellos estarían trabajando en buscar maneras de incrementar la productividad y rendimiento dentro de la planta y que cambiarían algunos aspectos en el ambiente de trabajo para observar aquellos factores que parecían tener el mayor impacto en los niveles de productividad.

Sin una explicación clara

Dichos experimentos comenzaron a ocurrir durante las semanas siguientes, por ejemplo subiendo los niveles de luz en áreas específicas de ensamblaje. Sin que los resultados fueran sorprendentes, los niveles de productividad comenzaron a ascender. Luego de un tiempo los investigadores bajaron nuevamente la cantidad de luz y de manera inesperada los niveles de productividad siguieron ascendiendo en un promedio diario.

Este fenómeno aparentemente inexplicable ocurría cada vez que los investigadores subían y bajaban la temperatura, los niveles de ruido, el aire acondicionado y los olores del ambiente de la fábrica. En todos los casos, con todos los cambios, los niveles de productividad aumentaban.

Al final del experimento los investigadores estaban desconcertados. No lograban descifrar los datos de una manera significativa. Finalmente, uno de ellos dijo: "¿Por qué no les preguntamos a las trabajadoras si ellas tienen alguna idea de la razón para estos niveles de producción?".

Un descubrimiento increíble

Los investigadores hicieron seguir a la oficina a las mujeres, las invitaron a sentarse y les dieron a conocer el experimento y los resultados obtenidos. Les explicaron que sin importar lo que ellos cambiaran, los niveles de producción ascendían pero esos resultados no eran coherentes con la teoría de la administración científica.

Después de algunas discusiones y cuestionamientos, las mujeres hicieron una afirmación que explicaba por qué los niveles de producción habían crecido. Era simple:

Dijeron que cuando fueron seleccionadas de entre las mujeres de la planta para este experimento, ellas se sintieron "especiales". Creyeron que habían sido altamente apreciadas y valoradas por el Departamento de Personal de la planta. Y no sólo eso, sus compañeras de trabajo que no fueron seleccionadas las miraban con admiración como si ellas fueran de alguna manera superiores al promedio de empleados de la fábrica.

Como resultado, cada vez que los investigadores cambiaban algún aspecto en su lugar de trabajo, dicho cambio les recordaba que ellas eran especiales, diferentes y mayormente productivas y por lo tanto trabajaban más, con mayor esfuerzo y mejor calidad. A eso se debió que se dedicaran a hacer un mejor trabajo y a buscar diversas maneras de mejorar.

Los investigadores llamaron eventualmente a este el "factor X". Más adelante se dio a conocer como el "factor sicológico", concluyendo que incentivar positivamente los pensamientos, los sentimientos y las emociones de los trabajadores, tenía una fuerza de estimulación que los llevaba hacia niveles de producción más motivantes que cualquier cambio físico en la fábrica o en las condiciones de trabajo. ¿Es eso cierto en su caso?

Prestar atención incrementa los resultados

En 1932 el físico alemán Werner Heisenberg recibió el Premio Nobel por su trabajo sobre "El principio de incertidumbre". La primera parte de este principio dice que los físicos y los matemáticos saben determinar cómo un cierto porcentaje de moléculas de cualquier sistema actúa o reacciona bajo ciertas condiciones. Pero ni los físicos ni los matemáticos tenían cómo predecir exactamente cuáles moléculas reaccionarían en determinada forma. Por consiguiente siempre existía un alto grado de incertidumbre en cualquier fórmula matemática o física sin importar qué tan precisa pudiera ser.

Este principio de incertidumbre se usa con frecuencia en nuestra sociedad, especialmente en el área de los seguros de cualquier índole. Por ejemplo, las tablas financieras nos informan que un cierto número de personas de determinada edad morirá de formas específicas a lo largo de un año. Pero debido a que no sabemos exactamente quiénes serán esas personas, dichas compañías proveen seguros médicos y planes de incapacidad al público en general para reducir los efectos de semejante "incertidumbre".

La segunda parte del principio de incertidumbre de Werner Heinsenberg fue su conclusión acerca de que el mismo hecho de observar un actividad específica en el campo de la ciencia cambia la perspectiva del investigador, creando más incertidumbre que si el experimento fuera realmente neutral e imparcial.

He aquí un ejemplo simple: suponga que usted le dice a uno de sus asistentes que está escribiendo un reporte de alta gerencia relacionado con la manera en que los empleados utilizan el tiempo en su departamento. Y luego usted le dice a esta persona que la ha seleccionado para ser parte de toda la gente que usted va a observar durante una semana antes de escribir su reporte. ¿Cómo cree que esta persona va a utilizar el tiempo?

Si alguien supiera que su jefe va a observarlo a hurtadillas para ver cómo utiliza el tiempo a lo largo de una semana, obviamente que este sujeto utilizaría su tiempo con mayor eficiencia, especialmente cuando el jefe estuviera en su sitio de trabajo. Los resultados de esta investigación para ver la forma en que el empleado invierte su tiempo estarían enormemente influenciados por el conocimiento por parte del empleado de que está siendo observado. ¡De nuevo el principio de incertidumbre en acción!

Los experimentos en la planta Western Electric Hawthorne demostraron que el hecho mismo de observar a las empleadas haciendo su trabajo, junto con el conocimiento de que ellas estaban siendo observadas, cambió su desempeño, conducta y productividad. Cuando alguien está más alerta y consciente de lo que hace —que es diferente de simplemente ir con el ritmo de la rutina acostumbrado—, esa persona hace su trabajo mejor, comete menos errores y produce más.

La mayoría de los grandes récords mundiales en los deportes ocurre frente a grandes multitudes. Mientras más gente esté mirando y alentando al atleta, mejor será su desempeño. Los animadores generalmente hacen sus mejores actuaciones frente a audiencias grandes. El simple hecho de observar a alguien haciendo algo cambia la forma en que esta persona hace su trabajo o ejecuta su acto.

La era de La Posguerra

Después de La Depresión de 1930 y de la Segunda Guerra Mundial, Estados Unidos fue el "último hombre en pie" entre las potencias industriales. En los años de La Posguerra hubo mucha abstención en la demanda de productos por parte de la clientela, desde carros, casas, ropa, hasta electrodomésticos. La competencia explotó. La fuerza de trabajo desempleada de los años 1930s desapareció y la posibilidad de trabajo se convirtió en un lujo escaso. Bajo G. I. Bill, millones de personas jóvenes comenzaron a emanar de las universidades con niveles de educación más altos, con habilidades y conocimiento, con mayor apetito como consumidores exigentes. El número de productos y servicios disponibles también se incrementó dramáticamente. En 1950 el supermercado promedio tenía menos de 5.000 productos disponibles a la venta del público. Hacia 1965 el supermercado promedio había subido a más de 50.000 productos al alcance del consumidor en el almacén. Actualmente, los compradores cuentan con más 100.000 productos. Las compañías han tenido que volverse más creativas e innovadoras para responder rápidamente a los cambios en los requerimientos del consumidor y para satisfacer las necesidades de la clientela porque esta es más altamente preparada.

La era del personal calificado

Lo anterior dio inicio a la era del "personal calificado". Fue en esta época cuando comenzó a ocurrir que mientras más talentosa fuera una persona, mayores oportunidades y opciones de empleo se le presentaban. Los empleados más valiosos y productivos podían dejar fácilmente su trabajo en cualquier momento y cruzar la calle para ir a buscar otro trabajo mejor con la competencia de la esquina. Como consecuencia el antiguo método de administración basado en poder y control dejó de funcionar. Desde 1960 en adelante, para contratar y conservar personal calificado las compañías tuvieron que proveerle a su personal calificado un ambiente de trabajo en el que la gente bien capacitada estuviera a gusto y concentrada, donde se le permitiera usar cada vez más sus recursos y habilidades mentales, físicas y emocionales.

Otro gran descubrimiento

En 1947 Abraham Maslow le dio un vuelco al estudio de la Sicología. Desde los días de Sigmund Freud en 1895 en Viena, los sicólogos y los siquiatras han estudiado hombres y mujeres para intentar diagnosticar y determinar las causas de varias formas de infelicidad y disfunción. Hacia la primera mitad del Siglo XIX existían una serie de versiones y teorías para dar explicación a diversos problemas sicológicos; fue así como la mayoría de siquiatras, sicólogos, sicoterapeutas y consejeros se dedicaron a ayudar a la gente a lidiar con situaciones que les producían infelicidad e interrumpían su calidad de vida y sus relaciones.

Pero el sicólogo Abraham Maslow hizo lo *opuesto*. En lugar de analizar gente desdichada, él comenzó a enfocarse y estudiar personas saludables y felices. Entonces desarrolló una encuesta extensa que les hacía a los individuos y a la gente que trabajaban con y alrededor de sujetos felices. Su meta era identificar gente que estuviera experimentando altos niveles de felicidad y realización personal en la mayoría de las áreas de su vida. Luego desarrolló lo que llegó a conocerse como "La jerarquía Maslow de la motivación", la cual aún en la actualidad es relevante y se aplica.

Lo que Maslow encontró fue que toda la gente, sin importar sus diferencias individuales, tiene necesidades específicas de motivación, comenzando desde la más básica hasta las más complejas. Su descubrimiento consistió en detectar que cada nivel de necesidad debe estar satisfecho para que aparezca el próximo nivel de necesidad y este se convierta en una motivación. La jerarquía de Maslow le aplica a usted, a mí y a todo aquel que trabaja con nosotros.

Las primeras 3 necesidades que Maslow identificó son las que llamamos "necesidades deficientes". Si una persona se siente deficiente en una o más de estas necesidades, se preocupa por satisfacerla a un nivel mínimo, para luego sí empezar a buscar otras formas de satisfacción. Estas son las necesidades que Maslow identificó:

1. *Sobrevivencia:* la necesidad más básica de toda criatura, incluyendo el ser humano, es la sobrevivencia física. Consiste en preservar la vida, en tener suficiente comida y una vivienda que nos permita sentirnos seguros.

Hasta que no nos sintamos satisfechos cubriendo esta necesidad, nada más parece tener importancia. Por ejemplo, usted podría estar llevando una vida confortable y normal pero de repente, mientras manejaba rumbo a casa una noche, usted tuvo un accidente en el que su carro se salió de la vía y rodó hacia un barranco hasta llegar a un río. En ese momento, cualquier otro pensamiento o consideración respecto a su vida deja de importarle, usted sólo tendrá una motivación y esa será salvar su vida de alguna manera.

Observe el instinto de sobrevivencia en acción durante las guerras, las revoluciones y los tsunamis, cuando enormes cantidades de gente entran en pánico y corren frenéticamente para alejarse del daño percibido. Su único pensamiento es sobrevivir.

Por fortuna en nuestra sociedad las necesidades de sobrevivencia son ampliamente cubiertas, excepto en accidentes y otras situaciones extremas. De acuerdo con estudios realizados, nadie ha muerto de inanición en Estados Unidos desde 1732, excepto en situaciones extrañas e impredecibles. Nuestra sociedad es lo suficientemente favorecida y sostiene muchas obras de beneficencia, tanto públicas como privadas, de tal manera que nadie está en peligro de perder la vida por pobreza o enfermedad. Esta necesidad es también ampliamente cubierta y en gran parte no requiere de un elemento motivador.

Así es la realidad en todos los países avanzados en donde la prosperidad ha creado suficientes recursos para proveer a aquellos que no tienen cómo proveerse a sí mismos.

2. *Seguridad:* una vez que la necesidad de sobrevivencia es cubierta, el ser humano se dirige inmediatamente a cubrir la segunda necesidad insatisfecha, la cual consiste en la seguridad. Esta tiene que ver con la estabilidad física, financiera y emocional. Para sentirse físicamente segura, una persona necesita un hogar o un lugar para dormir, ropa que vestir,

comida y suficientes recursos físicos para no preocuparse por su seguridad.

Para satisfacer las necesidades de seguridad financiera, una persona tiene que tener suficiente dinero para proveerse a sí misma y a su familia. Actualmente, el mayor temor de los adultos es la pobreza o la miseria. Es el temor a la pérdida de su dinero. A veces dicho temor es tan grande que de hecho la gente preferiría suicidarse al saber que ha perdido su capital.

Este temor básico surge como consecuencia de los muchos problemas políticos y sociales del mundo actual. Para satisfacer las necesidades de la seguridad emocional, el individuo necesita sentirse estable en sus relaciones básicas. Necesita sentirse aceptado, respetado y valorado tanto en su trabajo como con su familia. Si esta necesidad no es satisfecha, tal persona se preocupará por satisfacerla de alguna manera.

3. *Sentido de pertenencia:* el hombre es un animal social. Muchos de nosotros tenemos una identidad que ha sido ampliamente formada por la gente que nos rodea, comenzando en la infancia y en la niñez temprana. Toda la gente necesita saber que está segura y es aceptada por otros, tanto en la sociedad como en el trabajo.

Debido a que la manera en que sentimos y pensamos acerca de nosotros mismos es en gran parte determinada por la forma en que creemos que *otros* piensan sobre nosotros, un individuo puede llegar a sufrir de extrema ansiedad y estrés si es rechazado por quienes lo rodean, especialmente en su área de trabajo.

Como lo mencionamos previamente, uno de los aspectos más importantes para usted como gerente y líder al obtener un empleado eficiente es estructurar un ambiente de alto rendimiento alrededor de ese empleado. Cuando la gente se siente aceptada, valorada e importante es su ambiente de trabajo, cuando su personal se siente parte de algo más grande que ellos, su necesidad de pertenencia es satisfecha. A ese punto cada empleado es libre de volcar su actitud y atención en hacer grandes contribuciones a la compañía.

El mundo laboral satisface las 3 necesidades básicas del ser humano proveyendo un ambiente de trabajo físicamente seguro, proporcionando la seguridad de un ingreso y logrando que la gente se sienta bienvenida y apreciada mientras está ejecutando sus funciones.

4. *Autoestima:* se refiere a la necesidad de sentirse valioso, importante, apreciado y aprobado. Maslow llamó a esto "ser necesario". Una persona inicia su crecimiento sólo hasta cuando comienza a buscar la forma de satisfacer su necesidad de autoestima mediante su buen trabajo, su excelencia, su alto desempeño y contribución.

La mejor definición de autoestima es "el grado en que usted está más o menos contento con usted mismo". Mientras más usted se ama y se respeta a sí mismo, más alta es su autoestima. Cuanto mayor sea su autoestima, mejor hará su trabajo. Cuanto más se quiera usted a sí mismo, más le agradarán los demás. Cuanto más usted esté bien con usted mismo y con los demás, más les agradará usted a ellos y ellos querrán trabajar con usted y para usted. Las raíces de la autoestima se discutirán a fondo en el Capítulo Cuatro.

5. *Realización personal:* inicialmente, el más alto nivel de necesidad que Maslow identificó en su jerarquía fue el de la realización personal, la cual se define como un sentimiento de estar "convirtiéndose en todo aquello que usted sabe que es capaz de convertirse".

Hay dentro de cada persona una tendencia innata a satisfacer el total de su potencial como individuo. Esto ocurre a medida que el ser humano siente que está viviendo al mayor y más alto nivel de realización personal que le es posible alcanzar para sentirse feliz, inspirado y motivado.

Cuando una persona está aprendiendo, creciendo, expandiéndose y alcanzando más de lo que lo ha logrado en el pasado, siente que está trabajando para sacar el máximo de su potencial y experimenta un sentimiento de realización personal.

La gente realizada personalmente tiende a ser feliz, calmada, positiva, creativa, objetiva, visionaria, honesta, genuinamente respetuosa y con aprecio hacia los demás. Según Maslow, la realización personal es la mayor necesidad del ser humano y la buscamos a lo largo de la vida.

Este es el conjunto de necesidades que nunca está satisfecho. Aun cuando la persona siente que está en su mejor momento, está pensando en retos más altos, quiere ser, hacer y tener más. Y entre más pasos da hacia su realización personal, más feliz y motivada se siente de lograr metas mayores.

El mayor motivador

América es actualmente un imán que atrae gente talentosa de 174 países, la cual entra legal e ilegalmente para tener la oportunidad de disfrutar el "Sueño americano".

Se cree comúnmente que la principal motivación para venir a Estados Unidos es el dinero. Pero al menos desde 1950, cuando se les preguntaba a los inmigrantes por qué vinieron a Estados Unidos, la razón más común era: "Porque en Estados Unidos mi potencial es ilimitado".

La principal razón por la que la gente se une a trabajar en determinada empresa y se queda allí por largo tiempo se debe a que la compañía abre continuamente oportunidades para sus empleados, las cuales los hace sentir que estando dentro de la empresa, su potencial también será ilimitado.

Expectativas frustradas

Por el contrario, muchos sicólogos están de acuerdo en que una primera fuente de emociones negativas es el sentimiento de las expectativas frustradas.

Por ejemplo, una persona acepta un empleo con la expectativa de que en este trabajo será capaz de alcanzar su máximo potencial y supone que tendrá la oportunidad de aprender, crecer y tener dinero. Pero por varias razones su trabajo no le funcionó porque resultó ser repetitivo y aburridor, sin oportunidades de crecimiento. Cuando la persona se da cuenta que tiene mucho más con qué contribuir que lo que la compañía da en retorno, la persona se vuelve enojada, frustrada y poco productiva. Y cuanto más alto es su talento, mayor es su grado de frustración.

La jerarquía de las necesidades según Maslow explica por qué y cómo la gente es motivada a actuar como lo hace; además le da ideas y pautas que usted puede usar para crear un mejor ambiente de trabajo y para estructurar cargos de tal manera que satisfagan las más altas necesidades de las personas. Todo en este libro apunta a darle las herramientas que usted necesita para diseñar un lugar de trabajo de alto rendimiento, basado en estos descubrimientos.

Teoría X y Teoría Y

En la década de 1960 Frederick Herzberg, un sicólogo organizacional, introdujo una definición de sicología motivacional que sigue vigente. Sostiene que hay dos teorías acerca de la motivación humana: la Teoría X y la Teoría Y. Cualquiera de las dos que usted apoye determina ampliamente la forma en que usted trata a los demás.

La Teoría X, la cual se basa en los miles de años de la Historia Humana, justo hasta la Revolución Industrial, sostuvo que en general los trabajadores eran perezosos, poco confiables y dependientes. Tenían que ser organizados, supervisados y administrados cuidadosamente. Era necesario que trabajaran bajo las restricciones de premios y castigos claros.

Bajo esa premisa, los trabajadores eran considerados poco confiables y en necesidad de constante supervisión. Se les ofrecían condiciones de trabajo mínimas, se les pagaba lo menos posible, eran remplazados rápidamente si se les comprobaba poca colaboración e improductividad. Todavía hoy existen muchos gerentes que tienen este concepto de la naturaleza humana. Es la vieja idea de que la forma de tratar a la gente es *"con una vara en una mano y un pan en la otra mano"*.

La gran contribución de Herzberg fue introducir el concepto de la Teoría Y, bajo el cual los individuos eran considerados honestos, trabajadores esforzados, bien intencionados, productivos y deseosos de hacer una buena labor para la empresa. Todo lo que requerían era que la compañía los proveyera con un ambiente de trabajo seguro y cómodo en el que fuera posible desarrollar sus actividades al mayor potencial.

Factores de salubridad dentro de la empresa

Herzberg también identificó el concepto de "los factores sanitarios o de salubridad" dentro del lugar de trabajo. En su época muchos empleadores pensaban que proveer un ambiente limpio y seguro, a la par con un salario estable y un buen cargo, eran suficiente motivación. Herzberg dejó de pensar en estos como factores de salubridad y requerimientos básicos para prevenir la *desmotivación* y por el contrario, sostuvo que estas condiciones laborales contenían muy poca capacidad para motivar. Herzberg propuso que para incentivar realmente al personal, el empleador tenía que apuntar a las "necesidades de motivación" laboral. Estas incluyen trabajos retadores e interesantes, compañeros agradables, oportunidades de crecimiento y expansión, alto nivel de respeto y un ambiente de trabajo confiable.

Los empleados venían y desarrollaban sus labores si el empleador les garantizaba los factores saludables y sanitarios básicos; pero si el empleador se interesaba en satisfacer las necesidades de su personal según la jerarquía de Maslow, los trabajadores no sólo harían su trabajo sino que alcanzarían un rendimiento más alto y tendrían un desempeño sobresaliente siempre y cuando usted hiciera que el trabajo fuera divertido, retador e interesante, —en otras palabras, cuando usted se ocupara de cubrir, no sólo sus necesidades de salubridad sino también sus motivaciones.

¿Es el dinero suficiente motivación?

Muchos administradores han sentido a lo largo de los años que el dinero es el mayor motivador de producción y rendimiento en el trabajo. Ellos piensan: "Pague bien y la gente producirá a un alto nivel".

Para probar la validez de esta idea considere la siguiente historia: cierto lunes antes de empezar la jornada, un administrador decidió reunir a todos los empleados de la fábrica para anunciarles que de manera inmediata, para incentivar a los empleados, la administración había decidido doblar los salarios de todos en la planta.

¿Produjo esto un incremento en la productividad? Sí. Pero sólo por *una hora*. A la hora de haber ocurrido el incremento los niveles de productividad volvieron a ser los mismos y nunca subieron otra vez. Darle a la gente mayor cantidad de dinero como tal, no tiene un impacto duradero en la productividad ni en el rendimiento.

La Teoría Z

Para resumir, la Teoría X sostiene que la gente es perezosa y poco confiable, que debe ser continuamente supervisada y monitoreada si usted quiere que ellos realicen el trabajo de forma apropiada. Por otra parte, la Teoría Y propone que la gente es buena, trabajadora y deseosa de hacer una contribución valiosa si se les trata apropiadamente.

En mi opinión, la Teoría Z se acerca a la verdad. Esta es mi contribución para ejecutar una administración motivante y está basada en lo que yo llamo *el factor de conveniencia.* Significa que los individuos buscan su conveniencia; siempre tomarán el camino más rápido y fácil para adquirir lo que quieren de inmediato interesándose muy poco en las consecuencias de sus actos a largo plazo.

Lo que esto significa es que, básicamente el ser humano es igual en términos de motivación. Cada uno busca seguridad, sentido de pertenencia, autoestima, realización personal, éxito, felicidad y respeto en su trabajo. Y la gente hará lo que sea que sienta que necesita hacer para lograr esas metas. Su trabajo como líder es proveer el medio ambiente en donde los individuos estén motivados internamente a dar su mejor rendimiento con el mejor ánimo para hacer la mejor contribución posible.

Motivación interna *versus* motivación externa

Hoy más que nunca antes la gente se siente motivada *internamente* para hacer lo mejor en su labor. Los viejos motivadores externos de la seguridad en el trabajo y el concepto de que "en una mano va la vara y en la otra el pan", sólo aplican a trabajadores principiantes que realizan trabajos básicos que requieren poco entrenamiento e involucramiento mental.

Actualmente en los sitios de trabajo la gente hace su labor porque quiere y no porque le toca. Muchos lo hacen bien porque se sienten retados emocionalmente y apreciados externamente. Ellos respetan su trabajo y tratan bien a su empresa porque usted también los respeta y los trata bien. ¿Qué acerca de esta idea es difícil de entender?

Su función es crear un ambiente de trabajo en el que los factores negativos que impidan el rendimiento desaparezcan, en el que lo esencial que debe existir para realizar el trabajo sea satisfactorio y los factores motivantes se maximicen.

En ambientes así la gente estará internamente animada y estimulada por querer brindar su mayor contribución a la compañía.

Ejercicios prácticos

1. Identifique a su empleado más alegre y productivo. ¿Cuáles son los factores en el ambiente de trabajo de este empleado que contribuyen a su alto nivel de rendimiento?

2. Determine aquello que usted hace para satisfacer las necesidades financieras, emocionales y de seguridad de los miembros de su equipo.

3. Establezca las acciones que le son factibles realizar para incrementar el sentimiento de pertenencia de su personal.

4. Planee algo que usted va a hacer diariamente de aquí en adelante para elevar la autoestima de uno o varios miembros de su equipo.

5. Identifique acciones específicas que sean realizables para lograr que el trabajo represente un reto y sea interesante para sus empleados.

6. Determine las partes de su trabajo que usted hace bien y disfruta. ¿Cómo podría organizar su tiempo para lograr hacer más de ellas con mayor frecuencia?

7. En su siguiente reunión de personal pregunte: "Si usted fuera el presidente de esta empresa por un día, ¿qué cambiaría de su trabajo o de su negocio?". Prepárese para respuestas interesantes.

CAPÍTULO TRES

Encienda la llama del rendimiento personal

"Suponga que toda persona que usted conoce tuviera un aviso colgado al cuello que dijera: 'Hazme sentir importante'. Usted no sólo triunfaría en las ventas, también triunfaría en la vida".

—Mary Kay Ash

Su trabajo gerencial es obtener la más alta cantidad y calidad de rendimiento y desempeño del recurso humano que se le ha encomendado. El 80% de los costos operativos de su negocio están representados en pagos, salarios, beneficios y bonificaciones para los empleados. En el fondo, obtener pequeños incrementos en el rendimiento individual tiene un efecto sustancial.

Para lograr lo mejor de los demás usted debe desarrollar un entendimiento sólido de cómo se convirtió en la persona que es usted actualmente, y por consiguiente, cómo otros también se convirtieron en lo que son. Necesita desarrollar una idea clara de cómo piensa, siente y reacciona la gente. Debe saber por qué las personas hacen o no hacen y la forma en que usted puede influenciarlas positivamente.

El ser humano es como un iceberg

No es fácil. El ser humano es increíblemente complejo. Hemos sido formados mental y emocionalmente por miles de pequeñas y grandes experiencias. Cada pensamiento, sentimiento, emoción, éxito, fracaso, temor, deseo y experiencia de la niñez, han tenido una influencia en cómo la persona que usted tiene al frente suyo se fue convirtiendo en quien es actualmente. Lo mismo ocurre con usted.

Imagine que cada uno de quienes trabajan en su empresa es como un iceberg: sólo el 10% es visible en la superficie. El otro 90%, el cual usted no logra ver, entender o influenciar, está bajo el agua, en las experiencias del pasado y en el subconsciente del individuo que tiene frente a usted.

Nunca intente ser el sicólogo de su personal. Usted debe entender en términos generales cómo piensan quienes lo rodean y por qué actúan de la manera que lo hacen, pero usted no está calificado para darles consejería ni consulta, ni para tratar de ayudarles a convertirse en algo que ellos no son. Además, no trae ningún beneficio. La gente es como es, como resultado de miles de influencias sobre las cuales usted no tiene control.

La gente no cambia

La regla básica es: "La gente no cambia". Como diría el comediante Flip Wilson: "Lo que ve es lo que recibe".

Muchos de los problemas entre la gente en el área laboral, en el matrimonio, en las relaciones, se resolverían rápidamente si una o las dos partes involucradas aceptaran este simple hecho.

Si alguien es perezoso, será perezoso. Si acostumbra a llegar tarde, llegará tarde. Si es deshonesto, será deshonesto. Si es desordenado y siempre hace un trabajo deficiente, siempre será desordenado y hará un trabajo deficiente. La gente no cambia.

Bajo estrés, la gente no sólo, no cambia, sino que se convierte en *más* de lo mismo que ya es. Si una persona es rígida, se vuelve más rígida cuando las cosas no le funcionan como las esperaba. Si es débil o insegura, se torna aún más débil e insegura frente a las adversidades y las dificultades.

Existe un dicho popular: "No trate de enseñarle a un cerdo a volar, por dos razones. La primera, no tiene sentido porque el cerdo nunca va a volar. Y la segunda, porque sólo logrará que el cerdo se irrite".

Aunque la gente se ofrezca, prometa, esté de acuerdo y trate de cambiar, no va a hacerlo. Se quedan tal como son. Les ha tomado una vida entera ser como son actualmente y no van a cambiar, no importa cómo trate usted de impactarlos o influenciarlos.

El propósito de la educación y el desarrollo

A veces la gente me confronta y discute conmigo acerca de esta regla. Me dicen: "Si la gente no cambia, ¿cuál es el propósito de la educación, la motivación, la construcción de equipos y todas esas otras actividades que hacemos para llevar a las personas a actuar mejor o distinto?".

La explicación es sencilla. Alrededor de los 16 años de edad, la personalidad básica es tan concreta como el cemento.

El temperamento y la personalidad se mantienen constantes por el resto de la vida en la mayoría de los casos. Si alguna vez usted asiste a una reunión de sus compañeros de la Secundaria después de 30 años de su graduación, se sorprenderá constantemente al observar que aquellos con quienes usted estudió no han cambiado en nada, excepto físicamente. Todavía conservan la misma forma de hablar, de reír, de escuchar, de hacer chistes y de relacionarse. Siguen siendo iguales.

Lo que es factible de influenciar son los talentos naturales, las habilidades, las capacidades. Enséñele a la gente y anímela a ser todavía mejor de lo que ha sido en el pasado ayudándola a desarrollarse basada en sus talentos y habilidades. Pero usted no puede convertir a un jugador de básquet en un músico, ni a una persona amargada en amistosa. Estas son características fijas que no se alteran con el trascurso del tiempo.

Las grandes empresas con frecuencia contratan gente basándose en la personalidad, temperamento y habilidades básicas. Posteriormente invierten muchos años entrenando y desarrollando a su personal para que sean miembros valiosos del equipo corporativo. No tratan de convertir patos en águilas. Contratan águilas y luego les enseñan a volar en formación.

¿Cómo se vuelve la gente como es? ¿Cuáles son los determinantes esenciales de la conducta y el desempeño humanos? Su habilidad para entender los fundamentos y los principios de la conducta humana le da un cierto margen para seleccionar y moldear sujetos que conformen un equipo de alto desempeño, útil para usted y para su negocio.

La maestría del éxito

El descubrimiento del "autoconcepto" fue una de las novedades de la Sicología en el Siglo XX. Propone en que cada individuo tiene un concepto de sí mismo que precede y predice el desempeño que él alcanzará en todas las áreas. Todos los cambios e incrementos en el desempeño comienzan con cambios e incrementos en el autoconcepto del individuo.

Dicho autoconcepto está compuesto por todos los pensamientos, sentimientos, deseos, acciones, experiencias y decisiones hechas por el individuo, comenzando desde la infancia e inclusive desde antes. Hay evidencias que sugieren que los bebés en la matriz saben si son amados y esperados con alegría o frustración desde antes de haber nacido. El niño que viene al mundo en un hogar en el que los dos padres lo quieren, desarrolla una personalidad más positiva y confiada que el niño que por algún motivo se siente indeseado.

El autoconcepto es la herramienta con que cada uno cuenta para entender su personalidad, su capacidad de rendimiento, su productividad y su propia felicidad o infelicidad. Cada ser humano se comporta externamente en la misma forma como piensa de sí mismo en su interior. Cada quien ve el mundo a través del lente de sus experiencias anteriores, especialmente lo que vive en el momento presente. Las experiencias pudieron ser agradables o desagradables, buenas o malas, verdaderas o falsas, pero en el grado en que cada persona *cree* que algo fue cierto para ella, así mismo actúa de acuerdo a su creencia.

Para que usted libere más del potencial de la gente que trabaja con usted, primero necesita entender cómo funciona el autoconcepto de cada uno de ellos y cómo influenciarlo de manera positiva. El autoconcepto, el cúmulo de creencias que funcionan como el programa maestro del computador mental de cada individuo, está compuesto por 3 partes: el ideal de sí mismo, la autoimagen y la autoestima. Examinemos cada uno.

El ideal de sí mismo

Cada quien guarda dentro de sí el ideal de sí mismo, el sueño de lo mejor que podría llegar a ser. Este ideal se define como "la persona en la que más le gustaría convertirse". La gente exitosa y feliz tiene claridad en cuanto a sus ideales.

Ellos saben exactamente en lo que creen y lo que defienden así como lo que no defenderían. Como resultado de este grado de claridad, ellos son más confiados y más positivos que el común de la gente. Los exitosos, los líderes, tienen una idea muy clara de su ideal de sí mismos.

Dicho ideal de sí mismo está compuesto por virtudes, valores, principios y cualidades que el individuo considera importantes y valiosos para sí mismo y para los demás. Adicionalmente, el ideal de sí mismo también se compone de metas, sueños, esperanzas, aspiraciones y pensamientos acerca del futuro individual.

Cuando alguien es claro en cuanto a su ideal de sí mismo, sabe dirigirse hacia convertirse más y más en ese ideal, tanto consciente como inconscientemente.

Cada persona admira a otra gente que manifiesta y demuestra las cualidades que ella aspira tener. Se siente atraída hacia aquellos que tienen sus mismos valores y se inspira en quienes los demuestran con su comportamiento.

La importancia del modelo de comportamiento

La gente más exitosa en cualquier sociedad tiende a admirar y respetar a otra gente, — ya sea actual o de otra época—, que ha tenido una vida admirable y ha llegado a ser muy respetada como resultado de su carácter y logros. Aristóteles dijo: "Todo progreso en la sociedad comienza con el progreso en el carácter de un joven". Y los jóvenes son altamente influenciables por personas cuyo comportamiento modelo los inspiró durante sus años de formación.

Por eso es que una de las partes más importantes del ideal de sí mismo es el modelo de comportamiento. Los seres humanos naturalmente admiran a hombres y mujeres que representan las cualidades más importantes a las cuales ellos aspiran, a quienes demuestran dichas cualidades y conducta.

Una de las funciones más importantes de todo líder es *servir de ejemplo* en la manera como el personal debe actuar dentro de su organización. Ser ejemplo en la forma de tratar a la gente y de ejecutar el trabajo. Cuando el líder se comporta con estándares altos de integridad, honestidad y calidad, está animando a su equipo a aspirar a esas cualidades para sí mismos y para su trabajo; está creando un ambiente de trabajo positivo, muy diferente a aquel en donde los valores, las virtudes y los principios son ampliamente ignorados y no tenidos en cuenta.

Construya empresas que inspiren el ideal de sí mimo

Para satisfacer esta tendencia humana natural de aspirar a tener ideales, las mejores empresas desarrollan valores claros, visión, misión, propósitos y metas.

Defina valores claros: en su libro *The Power of Ethical Management,* Ken Blanchard y Norman Vincent Peale examinaron las ganancias de cientos de empresas, comparándolas con otras empresas dentro de la misma industria. Descubrieron que las compañías que tenían valores claros escritos como políticas de la empresa, con definiciones de cómo esos valores debían ponerse en práctica a diario en el negocio, eran entidades consistentemente más prósperas con el paso de las décadas que aquellas compañías que *probablemente* tenían los mismos valores pero no estaban consignados en forma escrita, ni se daban a conocer, ni eran entendidos por la gente que trabajaba allí.

Hace algunos años trabajé con una organización que comenzó con la idea de recolectar dinero de inversionistas interesados y se convirtió en una de las compañías más exitosas en la industria de las Comunicaciones en América hasta el día de hoy. Me enteré que antes que ellos formaran la compañía, los líderes se sentaron y acordaron cuáles serían esos cinco valores que utilizarían para guiar su conducta y tomar decisiones en los meses y años por venir. Después de muchas horas de discusión y negociación acordaron cuáles serían tales valores y luego los organizaron en prioridades. Posteriormente llevaron el proceso un paso más adelante elaborando un documento que explicara cómo dichos valores serían puestos en práctica en las operaciones y actividades diarias de todo el personal de la empresa.

Cuando el documento estuvo listo fue impreso y luego convertido en tarjetas laminadas que repartieron a cada persona que pertenecía a la compañía. Cada vez que dos compañeros de trabajo tenían que hacer acuerdos, sacaban sus tarjetas laminadas con los valores de la empresa y revisaban que la decisión no fuera contra los cinco valores escritos allí. Inclusive hacían el mismo proceso por teléfono. Sólo hasta cuando habían comparado la decisión con la tabla de valores, tomaban una determinación final.

No era de sorprenderse que el personal perteneciente a la organización, a todo nivel, eran los empleados más alegres, positivos y productivos con los que yo había trabajado hasta entonces. Adicionalmente, la empresa recibía ganancias consistentes, año tras año en mercados muy competitivos.

Usted sólo necesita entre tres y cinco valores para comenzar a construir su organización. La determinación de esos valores posiblemente tomará varias horas de discusión y debate ya que estos llegarán a asumirse como propios durante reuniones con compañías más grandes. Pero en todo caso, al final de la discusión el grupo ejecutivo completo debe estar animado con el resultado final de los valores seleccionados, así como con su orden y prioridad.

Desarrollar una visión clara: el segundo paso para crear su ideal de empresa —y hacia el cual sus empleados deben aspirar— es crear una visión de lo que será la compañía en algún momento futuro, basada en esos valores.

Los mejores líderes practican la *idealización*. Planean a futuro cinco o más años e imaginan que al cabo de ese tiempo su negocio será perfecto en todo aspecto. Se imaginan que podrán estirar una varita mágica y en los siguientes cinco años la compañía tendrá los mejores productos, la gente más calificada, los líderes más expertos, muy buena clientela, un servicio al cliente excelente, los mejores sistemas, excelente reputación, envidiables niveles de ganancias y los mejores precios. Luego regresan al presente y hacen la pregunta del millón: "¿QTQOPL?, o dicho de otro modo: ¿Qué tendría que ocurrir para lograrlo?".

Usted no sabrá cómo crear una compañía ideal a menos que tenga una imagen clara de cómo debería ser esta para alcanzar perfección en todo sentido. El producto o servicio ideal se convierte en el eje central de esta visión a largo plazo, ya que el 90% del éxito en cualquier negocio está determinado por el hecho de tener un producto o servicio en el primer lugar del mercado.

Encuentre su misión: basado en los valores y la visión de su empresa, es momento de identificar una misión primordial. Debe ser clara, con metas alcanzables y que todos los involucrados entiendan. Una misión también debe tener una medida para que usted sepa determinar qué tan cerca está de cumplir su misión.

Cuando AT&T comenzó a expandir su servicio telefónico por todo Estados Unidos hace más de 100 años, su misión era "hacer que cada americano tuviera servicio telefónico". Cuando la compañía alcanzó su meta en la década de 1960, falló en remplazar su misión antigua por una nueva. Como resultado la compañía comenzó a desviarse y a enfocarse más en las políticas y en las ganancias que en el servicio al cliente. Muy pronto nuevos competidores entraron en el mercado a concursar con el monopolio de AT&T, el cual ya no era irremplazable. En pocos años la compañía se dividió y fue remplazada por otras organizaciones telefónicas grandes y pequeñas por todo el país.

Encuentre un propósito que le inspire: primero que todo, ¿cuál es su propósito para tener un negocio? El propósito de su negocio se deduce de los valores, la visión y la misión que usted ha definido como ideal para su futura organización. Su propósito es la respuesta a la pregunta "*¿Por qué estoy haciendo todo esto?*". Su misión define claramente *qué* es lo que usted y su organización están tratando de alcanzar; su propósito determina *por qué* está intentándolo.

Su propósito debe afectarlos emocionalmente, tanto a usted como a su equipo. Debe mantenerlo despierto en las noches con deseos de hacer más y más para convertirse en mejor cada día. Su satisfacción o dicha más grande con su vida empresarial viene del cumplimiento de su propósito y de escuchar que otra gente también lo sabe y lo reconoce.

A través del tiempo la gente me ha preguntado cuál es mi propósito de estar en este negocio. Mi respuesta no ha cambiado a lo largo de 25 años: "Mi propósito es ayudarle a la gente a alcanzar sus metas más rápidamente de lo que ellos se hubieran demorado sin mi ayuda".

Este planteamiento de mi propósito puede sonar muy poco elegante, pero ha informado, inspirado y guiado todo seminario, material de audio, de video y escrito que he producido en 30 años. Ha sido la fuerza motora detrás de cada charla y entrenamiento que he hecho en 50 países a más de 5 millones de personas.

Determine sus metas: deben ser específicas y claras en términos de tiempo, con objetivos medibles que usted necesita alcanzar para cumplir sus valores, realizar su visión y misión y alcanzar su propósito. Sus metas son el punto focal de sus actividades diarias en todas las áreas de su negocio. Su habilidad para planear y cumplir sus metas más importantes está fuertemente influenciada por el grado de claridad que usted tenga en cuanto a sus motivaciones para conseguirlas.

Empleados con un ideal de sí mismos

La mejor gente en una compañía es aquella que está completamente comprometida con los valores, la visión, la misión, el propósito y las metas de la organización. Esta clase de individuo va a trabajar cada día emocionado de participar para ayudar a la compañía a alcanzar sus metas de alguna forma. La mayor satisfacción que ellos tienen es saber que están haciendo una contribución importante para hacer de la suya una gran empresa, especialmente en términos de cómo esta es vista por sus clientes y por la gente que usa sus servicios y productos.

Una visión clara, emocionante, inspiradora, motivante, combinada con una misión, un propósito y metas, es la llave para satisfacer una de las necesidades subconscientes más profundas que tiene la gente, la cual consiste en aspirar y conseguir grandes ideales en cada aspecto de la vida laboral y personal.

Su autoimagen determina su desempeño

La autoimagen es la segunda parte del autoconcepto. Ejerce una influencia enorme en los pensamientos, los sentimientos y la conducta de cada individuo. Su autoimagen es definida como "la forma en que usted se ve a sí mismo" ante toda circunstancia importante y cada vez que usted está involucrado activamente en una conducta determinada.

Su autoimagen es llamada con frecuencia su "espejo interior". Este es el espejo en el que usted se mira subconscientemente para determinar cómo debería comportarse en una determinada situación. Así como los actores se dan un último vistazo a sí mismos en el espejo antes de entrar en escena, así todos damos un vistazo en nuestro espejo interior para que nos diga cómo comportarnos en lo que sea que estemos a punto de realizar.

En su investigación y libro *The Magic Power of Self-Image Psychology*, el Dr. Maxwell Maltz demostró que la gente siempre actúa externamente basada en la forma en que se ve a sí misma en su interior, aún si esa forma de verse es inexacta o errónea.

El descubrimiento de Maltz fue el resultado de su trabajo como cirujano plástico. Con frecuencia operaba pacientes con problemas faciales que los hacían parecer poco atractivos. La cirugía los transformaba y los hacía lucir espectaculares. Pero posteriormente él observaba sorprendido que sus pacientes eran tan infelices y negativos acerca de su apariencia como antes de la operación. ¿Qué les ocurría?

Lo que el médico encontró fue que si la gente no cambiaba su forma de verse desde su *interior*, nada cambiaría para ellos *externamente*. Si ellos se veían a sí mismos poco atractivos internamente, pensaban que la gente también los vería igual. Era sólo cuando ellos cambiaban su pensamiento hacia sí mismos desde su interior que comenzaban a experimentar nuevas y más alegres emociones.

La forma en que nos miran nuestros padres

La autoimagen se forma desde la temprana niñez, desde la primera vez que usted ve la cara de sus padres y los ve mirarlo a usted. Cuando los padres responden a sus hijos con alegría, risas y agrado, tratándolos y haciéndolos sentir hermosos, inteligentes, maravillosos seres humanos, la autoimagen del niño comienza a formarse saludablemente. Él se ve a sí mismo positivamente, con atractivo, inteligente y agradable. Esta se convierte en su visión del mundo. Como resultado el niño interactúa con la demás gente sabiendo que es popular y aceptado.

A lo largo de su niñez usted es fuertemente influenciado por personas que respeta y cuyas opiniones valora. Comienza con sus padres, si ellos lo tratan con aprecio, haciéndole sentir que es importante y continuamente lo halagan y le hacen cumplidos, usted crece con una autoestima positiva que trasluce en su interacción con los demás.

Si existe gente en su niñez —hermanos, familiares desdichados o miembros de su grupo de amigos —que lo tratan de una forma negativa, ruda o desagradable, su autoimagen y autoconfianza pueden tambalear a temprana edad y hacer que usted se cuestione. Afortunadamente, mientras más fuerte y positiva sea su autoimagen como resultado de las condiciones de su niñez, mayor resistencia tendrá hacia las conductas negativas de otros. Usted mantiene más fácilmente una autoestima positiva y fuerte aún si la gente es negativa hacia usted por alguna razón.

Las tres partes de la autoimagen

La primera parte de la autoimagen es la manera es que usted se ve a *sí mismo*. Esta percepción es más importante y puede o no estar basada en la realidad. Es posible que usted se vea de manera optimista y real como lo hace la gente realizada. O también es probable que se perciba de manera negativa y pesimista, como lo hacen quienes se sienten infelices.

Mi padre creció en un hogar de características difíciles. Él tuvo una imagen negativa de sí mismo durante toda su vida y se la pasó a sus hijos, como la mayoría de los padres hacen. Por años me dijo que yo era poco confiable, dependiente, mentiroso y ladrón. No importaba que las circunstancias fueran tan insignificantes como no recordar algo con total precisión o tomar una galleta de la alacena. En lo que correspondía a mi padre, yo no era bueno. Crecí con una autoimagen pobre y con sentimientos de ser inadecuado e inferior en comparación con otros chicos que venían de mejores hogares.

En mi temprana adolescencia tuve una gran revelación. Me di cuenta que nada de lo que mi padre me dijo acerca de mí era necesariamente cierto. Yo no tenía que estar influenciado por su negatividad ni sus comentarios disparatados. Desarrollé una capa mental de teflón y decidí ignorar y tirar lejos su negatividad y remplazarla con imágenes positivas de mí mismo triunfando en todo lo que me proponía. Esa decisión cambió mi vida de la misma forma que cambiará la vida de todo el que se atreva a hacer lo mismo.

Escriba su propio libreto. Recuerde, casi nada negativo de lo que otros dicen acerca de usted (o dijeron cuando usted era más joven) es cierto o permanentemente cierto. En cualquier momento usted está en libertad y capacidad para decidir reescribir el libreto de su vida. Como dijo el sicólogo y filósofo de la Universidad de Harvard, William James: "En el pasado yo fui esto pero de ahora en adelante seré aquello".

¿Llegaba usted tarde las citas en el pasado? Bueno, ahora será puntual en todas sus citas. ¿Era desordenado y desorganizado cuando estaba creciendo? Pues ahora será ordenado y organizado. ¿Se ponía nervioso para dar y respaldar su opinión frente a un grupo? Ahora usted va a hablar confiadamente y a expresarse libre y claramente.

La mejor de todo es que cualquier cosa que usted haga repetidamente, una y otra vez, con el tiempo se le convierte en un nuevo hábito. Cuando usted tiene la semilla del deseo de mejorar su desempeño en actos externos, esa semilla crece en su interior por medio de la repetición y la práctica. De hecho, esa nueva conducta que usted visualiza, toma lugar y se convierte en una parte permanente de su personalidad y de su carácter. Usted tiene libertad para darse la forma y ser la clase de persona que quiere llegar a ser "insistiendo en verse" repetidamente como esa persona. Usted tiene la facultad de cambiar su comportamiento externo cambiando su imagen interna.

Cómo lo ven otros: la segunda parte de su autoimagen está formada por cómo usted *piensa* que otros lo ven.

Este es también un aspecto muy importante. Si usted cree que otra gente lo ve de manera positiva, usted tenderá a actuar positivamente. Si usted cree que es agradable, que lo respetan y lo admiran, también tendrá la tendencia a ser positivo, agradable, simpático, dispuesto a interactuar.

Debido a que somos fuertemente influenciados por las conductas y opiniones de otra gente hacia nosotros cuando estamos creciendo, cuando adultos somos fácilmente influenciables por lo que creemos que otros piensan acerca de nosotros. Mucha gente es extremadamente sensible a los pensamientos y opiniones de otros, al punto que prefieren no tomar ninguna clase de acción independiente sin primero sentirse seguros de ser aprobados, antes de actuar.

Decida por sí mismo: el hecho es que usted nunca debe hacer o dejar de hacer algo porque tiene miedo de lo que otros piensen acerca de usted. Cuando usted está en sus veintes, es muy sensible a lo que otros puedan pensar de usted. Cuando está en sus treintas, es menos sensible a las opiniones ajenas y le importa menos lo que puedan pensar de usted. Pero cuando llega sus cuarentas, aprende una gran verdad: *nadie estaba pensando en usted.*

El hecho es que la gente pasa el 99% de su tiempo pensando en sí misma y en sus preocupaciones personales. Y divide el 1% restante en pensar en el resto de la humanidad, incluyéndolo a usted. Una de las vanidades más grandes es creer que los demás pasan mucho tiempo pensando en nosotros. La realidad es que mucha gente está tan ocupada con su propia vida que no tiene tiempo de pensar en usted ni en mí en ningún momento.

Cómo lo ven realmente los demás: El tercer componente de su autoimagen es la forma en que *realmente* lo ven los demás. A lo mejor usted piensa que es un trabajador con rendimiento promedio en su compañía y de repente se da cuenta que sus compañeros de trabajo lo perciben como a alguien excelente en su desempeño. También es posible que usted piense que está haciendo una buena labor y sorpresivamente se entera que los demás lo consideran con un rendimiento por debajo del promedio del equipo.

Lo ideal de una personalidad balanceada es cuando la manera en que usted se ve *a sí mismo*, la manera en que usted piensa que *otros* los ven y la manera en que *realmente* ellos lo ven a usted, están todas en armonía. Cuando eso ocurre, la forma en que usted piensa y siente respecto a sí mismo es igual a la que los demás piensan y sienten acerca de usted y es equivalente al trato que usted recibe a diario.

Autoimagen e ideal de sí mismo en armonía

He aquí un gran descubrimiento. Hay una relación directa entre lo bien que usted se siente consigo mismo y lo cercanas que son su autoimagen y su ideal de sí mismo.

Cada vez que usted hace algo que está más relacionado con la clase de persona que le gustaría ser idealmente, su autoestima aumenta, se siente mejor, es más feliz y confiado, se motiva a comportarse de maneras cada vez más consistentes con la clase de persona que quiere llegar a ser.

Cuando el gerente le dice a una persona que hizo un gran trabajo en un área en particular, el cual es el ideal de la mayoría de la gente, la autoimagen de esa persona mejora porque se siente valiosa y apreciada, con mayores deseos de hacer en el futuro un trabajo aún mejor.

La forma en que el gerente trata a los miembros de su equipo también tiene un efecto inmediato en su autoimagen. Cuando somos niños vemos la cara y escuchamos la voz de nuestros padres para saber si somos adecuados, dignos de amor, inteligentes y seguros dentro de nuestro propio mundo.

Cuando nos convertimos en adultos transferimos estas expectativas al lugar de trabajo y nuestro jefe se convierte en nuestro "nuevo padre". Por esa razón lo miramos a la cara y escuchamos su voz para averiguar qué tan bien estamos y qué tal vamos en nuestro trabajo. Debido a eso, el jefe tiene la capacidad de influenciar fuertemente la autoimagen y el nivel de rendimiento de cada miembro de su equipo. Cuanto mejor trate el jefe a cada uno de sus colaboradores, mayor será el refuerzo en la autoimagen de cada uno de ellos y más productivo y positivo será cada miembro.

Su autoestima es el eje central

El eje central de la personalidad es la autoestima, los sentimientos y emociones del individuo. La personalidad está determinada por las emociones. Una persona con alta autoestima es positiva, energética, creativa y productiva en su trabajo. Una persona con baja autoestima tiene sentimientos de inferioridad, se siente inadecuada, carece de autoconfianza y se siente insegura.

La mejor definición de autoestima es "qué tan contento se siente usted consigo mismo". Cuanto más usted esté satisfecho, más fácil le agradarán los demás. Y si usted muestra agrado hacia ellos, más agrado sentirán ellos por usted. En la medida en que usted se ame a sí mismo, mejores resultados obtendrá en su trabajo.

El obstáculo más grande en el desarrollo completo de la personalidad es ese sentimiento de no amarse a sí mismo. Debido a experiencias de la niñez, especialmente a la manera en que sus padres los trataron, es común que los niños crezcan con profundos sentimientos de inferioridad. El siguiente capítulo abarca en detalle cómo los años formativos impactan la autoestima y cómo es posible aprender acerca de las maneras de construirla en los jóvenes y aplicarla en el trabajo.

Autoestima y autoeficacia

Existe una conexión directa entre autoestima y *autoeficacia*. En la medida en que usted se sienta a gusto con el trabajo que realiza, mejor será la calidad de su trabajo. Y cuanto mejor haga su trabajo, más va a quererse a sí mismo. Cuando usted aprende y practica algo que lo habilita para hacer una labor cada vez mejor, no sólo aumenta su autoeficacia sino que su autoestima también asciende al mismo nivel.

Toda persona tiene una arraigada necesidad de sentirse efectiva, de saber que es competente y capaz de hacer su trabajo y alcanzar sus metas. Todos buscamos ese sentido de autoeficacia y es solamente cuando creemos que somos buenos en los que hacemos, que nos sentimos confiados y felices con nosotros mismos.

Existe una relación directa entre la forma en que usted se ve a sí mismo y a la persona en que quisiera convertirse, es decir, el ideal de persona en el que a usted le gustaría ser en el futuro. Cuanto más frecuente sea su comportamiento para alcanzar esa meta, más valioso usted se sentirá, mayor será su autoestima y más positivamente influenciada se verá su personalidad en todas las áreas posibles. Debido a la interrelación de los distintos componentes de la personalidad, quizás la función más importante del líder en la construcción de un equipo exitoso es reforzar continuamente la autoestima, la autoimagen y el concepto ideal de sí mismo en cada persona que hace parte de su equipo.

Diseñe un sitio de trabajo propicio para un rendimiento máximo

Para tener un colaborador, un equipo y un ambiente de trabajo con rendimiento óptimo, se necesitan tres condiciones:

1. Cada uno debe tener claridad y compromiso hacia los valores, misión, propósito y metas de la compañía. Desarrollar esta clase de claridad es una responsabilidad indispensable de todo gerente o administrador.

2. Desde su posición gerencial usted debe reforzar una autoimagen positiva en cada persona del grupo. Usted necesita que sus colaboradores se vean a sí mismos como individuos valiosos, capaces y competentes, que a diario se desarrollan y alcanzan mejores resultados.

3. Se requiere que usted construya, apoye y refuerce la autoestima de cada miembro de su equipo para que a su vez ellos se sientan más a gusto unos con otros como resultado de la forma en que usted interactúa con todos ellos.

Todo cuenta. Como gerente todo lo que usted diga o haga construye o destruye la dinámica del equipo. Respecto al comportamiento y emociones de la gente que trabaja para usted, nada es *neutral*. Cada interacción conlleva una carga emocional de cualquier índole. Como usted ejerce poder sobre la otra persona, todo lo que diga, ya sea de naturaleza positiva o negativa, tendrá un efecto positivo o negativo inmediato y con frecuencia a largo plazo en las emociones de esa persona.

Recuerde que sólo hay cuatro formas de cambiar una situación: usted está en posibilidad de *hacer más* de aquello que está haciendo para obtener buenos resultados. También puede *hacer menos* de aquello que no le está produciendo buenos resultados. *O comenzar a hacer* algo que actualmente no está haciendo. En último caso, también puede optar por *dejar de hacer* algo que no está siendo útil. Todo gerente proactivo debería hacerse estas cuatro preguntas día tras día: ¿Qué debería estar haciendo más? ¿Menos? ¿Comenzando a hacer? ¿Dejar de hacer?

En conclusión, otra de sus labores gerenciales es reconocer que el concepto de sí mismo es el eje central en el subconsciente de cada individuo. Todo lo que usted diga y haga tiene un efecto en la estimulación o en la formación del autoconcepto. Sus palabras y su comportamiento incrementarán o debilitarán el desempeño de los demás. Cuando usted es consciente la mayor parte del tiempo de cómo sus pensamientos, palabras y conductas afectan los sentimientos y conductas de otros, usted se convierte en un mejor jefe, en un líder cuya intencionalidad es ayudar a su gente a ser mejor vez tras vez.

Ejercicios prácticos

1. Seleccione una de sus conductas que usted cree que interfiere en la manera efectiva en que podría gerenciar mejor y decida erradicarla por completo.

2. Identifique las cualidades gerenciales más importantes que le gustaría tener o adquirir. ¿Qué podría hacer diariamente para desarrollar dichas cualidades?

3. Piense en una visión clara y retadora para el futuro de su empresa y determine el propósito y el "por qué" de su negocio.

4. Trate a cada persona con una actitud y expectativas positivas. Dígale qué importante es y cuán bien realiza su trabajo.

5. Construya la autoestima en los miembros de su equipo tratándolos de tal manera que ellos se sientan totalmente valorados y valiosos para el éxito de la empresa.

6. Actúe como si usted fuera un padre amoroso para su personal; trátelos como si ellos fueran buenos chicos y muéstreles su aprecio.

7. Refuerce la autoestima en los miembros de su equipo resaltando continuamente el éxito que obtienen, lo que están haciendo bien y la diferencia que marcan dentro de la empresa.

Haga que la gente se sienta importante

"Aquellos que no están en busca de la felicidad son los que frecuentemente la encuentran, porque quienes la buscan se olvidan que la manera más segura de ser feliz es buscando la felicidad de los demás".

—Martin Luther King Jr.

La clave para motivar constantemente y lograr que el desempeño laboral sea óptimo es construyendo la autoestima —la cual conlleva a desarrollar autoconfianza y autorrespeto— de cada persona que trabaja para usted. Cada ser humano tiene un potencial ilimitado que hace que su trabajo sea mejor y más rápido. La gente tiene enormes reservas de creatividad para resolver problemas, superar obstáculos y alcanzar metas profesionales.

Los miembros altamente calificados de su equipo están más motivados interior que exteriormente. Su desempeño es de alto rendimiento porque *quieren* que así sea. El hecho es que usted no puede motivar a la gente; usted sólo puede crear el ambiente en el que la motivación surja natural y espontáneamente.

El líder marca el ritmo

El líder es la persona más importante en cualquier organización. Él marca el ritmo con la forma en que habla, se comporta, responde a los demás y se relaciona con todos diariamente. La gente tiende a "seguir al líder" e imita su comportamiento hacia los demás. Cuando el líder se relaciona con cortesía y respeto, eventualmente los demás comienzan a tratar a sus compañeros de trabajo de igual manera.

Existen conductas específicas que los líderes deben practicar constantemente y en cada interacción para hacer que la gente se sienta bien. Cuando de manera deliberada usted se toma el tiempo y hace el esfuerzo para construir la autoestima de los demás, y a la vez se interesa en eliminar los temores que mantienen a sus colaboradores limitados para poner todo el interés en su trabajo, el resultado a su alrededor es un ambiente de trabajo de alto rendimiento.

Recuerde que sólo hay cuatro formas de mejorar o cambiar cualquier situación: haciendo más ciertas actividades, haciendo menos de otras, comenzando a hacer algunas que no ha hecho y dejar de hacer las que no lo benefician.

Empiece el proceso de construir la autoestima de la gente *no haciendo* ciertas cosas como criticar, quejarse y juzgar la conducta de los demás.

La crítica destructiva hiere

Los militares tienen un arma destructiva llamada bomba de neutrones o "Bomba N", que se detona sobre un área poblada con gran poder e impacto. La diferencia entre esta clase de bomba y otras bombas atómicas es que esta mata a la gente pero deja intactas las construcciones.

Jack Welch, el anterior Gerente de General Electric, era llamado con frecuencia "Jack Neutron" porque en la restructuración general del negocio él cerró departamentos enteros de la empresa que tenían un rendimiento por debajo del esperado, dejando cesante a todo el personal pero manteniendo intactas las instalaciones.

La crítica destructiva es igual que una Bomba N. La peor experiencia para una persona, el verdadero destructor de la personalidad y el carácter, es la *crítica destructiva*. Esta es la raíz de la mayoría de los sentimientos de baja estima e inferioridad que producen la sensación de sentirse inadecuado, incompetente y desdichado. De esa manera la víctima de la crítica negativa continúa en pie pero su personalidad ha sido destruida.

Problemas en la vida adulta

Todos los problemas de la vida adulta residen en las críticas destructivas de la niñez. Cuando uno o los dos padres le dice permanentemente a su hijo que es malo, dependiente, poco fiable y deshonesto, o cualquier otro adjetivo negativo, el niño es incapaz de defenderse emocionalmente de todos esos ataques porque es mu pequeño, vulnerable y receptivo a todos los mensajes enviados por los adultos. Su frágil mente acepta y absorbe sin cuestionamiento las críticas como verdades irrefutables que se convierten en parte de su autoconcepto y terminan siendo parte de su autoimagen y visión del mundo. Dondequiera que usted ve un adulto inseguro, negativo o temeroso, esté seguro de inmediato que esa persona fue en su niñez alguien atacado y abatido continuamente con las críticas de sus padres.

Muchos padres no tienen idea de qué tan destructivas son sus palabras. La mayoría quiere que sus hijos crezcan felices, positivos, confiados y capaces de triunfar. No se imaginan que las críticas continuas que están siendo parte del diario vivir y la dinámica familiar están erosionando la autoestima y autoconfianza que los niños necesitan para tener éxito en la vida adulta.

¿Por qué mienten los niños?

Cuando mi esposa Bárbara y yo teníamos nuestros hijos en su etapa de niñez nos dimos cuenta que los niños no siempre les dicen a sus padres toda la verdad o parte de ella. Cuentan historias con verdades a medias y las completan con falsedades. Todo padre ha pasado por esta experiencia que parece ser parte de la crianza de los hijos. Cuando esto ocurre usted debe comenzar a cuestionarse acerca de la forma en que los está criando.

En ese tiempo nos encontramos una revista sobre cómo ser padres que preguntaba: "Si sus hijos le mienten, *¿quién* los ha hecho tener miedo de decir la verdad?".

Tanto mi esposa como yo fuimos criados en familias con padres bastante críticos y negativos que se quejaban de nuestro comportamiento y nos criticaban a medida que crecíamos. Cuando leímos esa pregunta nos dimos cuenta que "los pecados de los padres pasan a sus hijos". Habíamos caído en el hábito de criticar a nuestros hijos cuando ellos hacían algo que no nos agradaba o con lo que no estábamos de acuerdo. En ese momento decidimos romper ese círculo vicioso de críticas que infunden enojo, deseos de vivir a la defensiva y mentir. Quisimos abolir todo eso de nuestro hogar.

Inmediatamente nos sentamos con nuestros dos hijos y les prometimos que nunca más volverían a recibir nuestras críticas contra ellos. Les dimos nuestra palabra de que no se meterían en problemas por decirnos la verdad y que siempre que fueran sinceros, nosotros los apoyaríamos y aprobaríamos.

Los niños nos ponen a prueba

Los niños, siendo niños, estaban un poco escépticos de nuestras promesas. Así que decidieron ponernos a prueba diciendo una *pequeña verdad*. Si se metían en problemas en la escuela o rompían algo, venían y nos lo contaban observando cuidadosamente para ver cómo reaccionábamos. Mantuvimos nuestra palabra. Nunca volvimos a criticarlos por ninguna clase de error. Unos meses después nuestros hijos comenzaron a decirnos la verdad acerca de casi todo lo que estaba ocurriendo en sus vidas. Decir la verdad se convirtió en parte de su personalidad y pronto se dieron a conocer como los niños más honestos y sinceros de sus círculos sociales.

Como adultos, nuestros hijos han desarrollado una reputación maravillosa basada en su honestidad e integridad entre quienes los conocen. Siempre dicen cómoda y claramente lo que piensan. Les hablan con la misma rectitud, tanto a los ex Presidentes de Estados Unidos como a un visitante casual. No tienen ningún temor de conocer e interactuar con extraños, sin importar en qué cargo o posición se encuentren. Al rehusarnos a criticarlos, mi esposa y yo logramos apartarlos del miedo que sabotea en ocasiones los pensamientos, sentimientos y comportamientos de los jóvenes.

Este consejo aplica igualmente a *su equipo de trabajo*. Si ellos no le dicen toda la verdad, ¿quién les ha vuelto temerosos de hablar? Averígüelo y lo más pronto posible logre que una de las políticas de su empresa sea que nadie sea reprendido de ninguna forma por decir la verdad. Anime a sus colaboradores a que sean abiertos y honestos en todo momento, especialmente ante las malas noticias.

Destrucción de muchas maneras

Las críticas destructivas vienen en distintas formas. Puede ser de manera específica y directa en la cual se le dice al niño que es inadecuado. También están implícitas en ciertas actitudes, desaprobación, irrespeto o críticas acerca del vestuario, comportamiento o de la persona como tal. Es bastante frecuente que el niño, inclusive como adulto, recuerde continuamente las críticas recibidas y las reviva en su madurez. Este sentimiento se sintetiza quizás en el peor autoconcepto de un ser humano: "No soy lo suficientemente bueno".

Dicha percepción es la raíz de sentirse inadecuado, inferior, negativo, avergonzado, sin atractivo e impopular. Es la razón por la cual, sin importar qué tan exitosa sea una persona, nunca deja de desear tener o ser más y más y trata de acallar mediante todo lo que realiza a esa voz que le dice: "No soy lo suficientemente bueno".

La crítica destructiva puede ser *imaginaria*, cuando el individuo se anticipa a creer que va a revivir críticas por algún fracaso que le causa disgusto consigo mismo. También se presentan críticas imaginarias debido al temor de que si el individuo hace o no hace algo, alguien cercano a su vida se va a disgustar y a expresarle su desaprobación.

La crítica destructiva es la tierra fértil en la cual crecen todas las emociones negativas; es la que promueve y multiplica los temores y el rechazo. El pensamiento o la experiencia de la crítica destructiva hacen que la persona se sienta enojada y a la defensiva, a veces hasta por años y décadas. También produce sentimientos de inferioridad que despiertan emociones negativas de envidia y resentimiento, especialmente hacia aquellos que son más exitosos. O celos hacia quienes parecen estar logrando mayores metas que las de la persona afectada por la crítica negativa.

Las críticas viajan lejos

El tiempo se mide por los progresos realizados. Una hora se reduce a un minuto y éste a un segundo y a milésimas de segundo. Pero el incremento de tiempo más corto es la cantidad de tiempo que se demora un rumor en esparcirse dentro de una organización. Cualquier comentario que se haga en la oficina principal afecta la vida o trabajo de la persona involucrada, incluso hasta el otro extremo del país, y estará relacionado con ella a la velocidad de la luz solar, antes que usted tome el teléfono para llamarla.

En el trabajo, la crítica hacia cualquier persona también se esparce. Lo que sea que usted diga con contenido negativo acerca de alguien, dondequiera y cuando quiera que sea, inclusive en una comida en el más recóndito de los restaurantes, llegará a oídos del involucrado con mayor velocidad de la que usted se imagina. Usted debe asegurarse de nivelar cualquier clase de crítica, queja o juicio hacia los demás si espera recibir lo mejor de ellos.

Busque el bien

Como gerente, el primer paso que usted debe dar para sacar a relucir los mejor de los demás es eliminar la crítica destructiva de su vocabulario, por la razón que sea. Decida hoy que usted nunca criticará, atacará, insultará ni disminuirá a otra persona bajo ningún motivo. En cambio, buscará algo bueno en cada circunstancia en que se encuentre.

Habrá escuchado que el optimista ve el medio vaso lleno y el pesimista lo ve medio vacío. Lo que es igualmente importante es que los gerentes abiertos y optimistas piensan en los problemas como situaciones por resolver y dificultades por superar. Los gerentes pesimistas afrontan estas mismas circunstancias difíciles enfocándose en *qué pasó y a quién culpar*. El simple hecho de centrar su conversación y su pensamiento fuera del problema y dirigirse hacia la solución, hace que usted pase de tener una perspectiva pesimista a optimista en cuestión de instantes.

Si usted fuera a tomar una decisión acerca de un aspecto de su comportamiento que, más que ningún otro, tuviera un enorme impacto en sus relaciones, tanto en su familia como en su trabajo, debería ser decidir inmediatamente que de ahora en adelante usted nunca criticará a nadie por nada. Cuando lo vuelva a hacer, cosa que posiblemente le ocurra de vez en cuando, de inmediato retráctese de lo que dijo. Diríjase a la persona ofendida y dígale:"Me disculpo por lo que dije. No debí hablar de usted así, no tengo excusa. Por favor, acepte mis disculpas".

Esta acción de su parte, la cual requiere de una tremenda fortaleza, neutraliza de inmediato la situación y la lleva a su punto de equilibrio.

No más quejas

Lo segundo que debe dejar de hacer es quejarse por cualquier motivo. Trabajando con miles de personas en los seminarios y talleres a lo largo de los años, he encontrado que la gente que se queja mucho hoy, probablemente fue formada por un padre que también se quejaba con frecuencia durante la crianza de sus hijos. Los niños imitan la conducta del padre dominante y es por eso que piensan que quejarse es la respuesta natural cuando están enojados o disgustados por algo. A partir de ahí optan por quejarse a menudo, tanto por pequeñas como grandes causas.

Quejarse es caer en el hábito de "¿No es eso horrible?". En este juego, cada persona que participa en la conversación se queja acerca de algo en la vida. Luego el siguiente participante se queja de algo todavía peor. Y las quejas continúan y continúan a medida que cada persona del grupo intenta superar la queja del otro con su propia queja financiera, de salud, empleo, y principalmente, sobre otra gente.

En el mismo equipo

Quienes se quejan siempre están buscando algo o a alguien acerca de qué o quién quejarse. Tienden a asociarse con otros que también se quejen. Así trabajan juntos y socializan después de la jornada laboral, toman su tiempo de descanso y almuerzo juntos; quejarse se convierte en la base de la relación y en el punto de la conversación.

Pero hay un problema mayor en el hecho de quejarse y criticar. En las dos situaciones, cuando usted lo hace, usted se posesiona en el lugar de la *víctima*, su mensaje es: "¿No es horrible? ¡Yo soy la víctima en esta situación! Miren lo que me ha ocurrido".

Cuando usted se queja, lo que hace es debilitarse a sí mismo, generar sentimientos de inferioridad y de sentirse inadecuado; se siente enojado y resentido; negativo e inseguro; sus niveles de autoconfianza y autorrespeto decaen a medida que se queja de algo con alguien; se hiere más a sí mismo quejándose que lo que hiere al causante de su queja, quien muy posiblemente no está afectado en nada.

No viva a la defensiva

Como dijo alguna vez Henry Ford II: "Quien nunca se queja, nunca da explicaciones". Uno de los rasgos de la gente productiva, de acuerdo con el sicólogo William Glasser, es que quienes no acostumbran quejarse, no viven "a la defensiva" ni sienten la necesidad de quejarse ni explicarle sus acciones a otra gente.

En una ocasión caí en el error de quejarme sobre algo que mi hijo estaba haciendo. Él me miraba y escuchaba pacientemente mientras yo continuaba con mi queja. Cuando terminé, me miró a los ojos y dijo: "¿Y el asunto es?".

Por su parte yo podía seguir quejándome todo lo que quisiera pero no iba a tener efecto alguno en él ni en lo que decidiera hacer. Se rehusó a dejarse afectar por mis comentarios y yo me sentí orgulloso de él por eso.

Si usted no está satisfecho con algo, como gerente usted tiene la potestad de comunicárselo a quien sea necesario. Usted es responsable de ponerlo en discusión. Si usted no está de acuerdo con cierto comportamiento o actitud, su función es intervenir activamente para corregir o detener la situación. Pero esto lo logra siendo honesto y objetivo en cuanto a la discrepancia que existe entre lo que usted esperaba y lo que ocurrió. Luego proponga o permita que surjan ideas propicias para arreglar la situación. Pero no se queje.

No más juicios

La tercera conducta que es bueno desechar es la de juzgar a los demás por cualquier motivo, tanto dentro como fuera de su empresa. Cuando usted juzga a otros, usualmente en privado, usted desmoraliza a quien lo escucha y el sujeto del cual usted está hablando sabrá del asunto de inmediato. Cuando usted juzga a la gente fuera de la empresa, alguien generalmente se encarga de llevar el rumor, usualmente distorsionado, y su comentario regresará a usted persiguiéndolo. Esta parece una regla de la naturaleza y es completamente inevitable.

Estas recomendaciones son igualmente importantes cuando usted está hablando acerca de sus competidores o clientes en le mercado. Nunca los critique, admírelos si tienen mayor éxito que usted en algunas áreas y luego busque los mecanismos para producir aun mejores productos y servicios que los de ellos, encontrando formas inclusive más efectivas de venderlos. Nunca condene a la gente ni a su negocio por ninguna razón. En cambio use la misma cantidad de energía mental para encontrar soluciones y resolver los problemas que lo llevaron inicialmente a sentirse enojado con la situación.

Las seis 'A' de la autoestima

La gente tiene necesidades subconscientes profundas y la más profunda de todas, el eje central de las necesidades humanas, es la autoestima. Es sentirse respetado y valorado. Saber que el jefe tiene simpatía y aprecio hacia nosotros, siendo esta la persona de mayor influencia sobre nuestro trabajo e ingreso financiero. La mayor necesidad es sentirse *importante*.

Hay varias formas de satisfacer esta profunda necesidad subconsciente de autoestima e importancia personal. Todas ellas comienzan con la letra *A*. La primera es *aceptación*.

1. Ponga en práctica la *aceptación* incondicional

Desde la infancia cada persona tiene una profunda e inconsciente necesidad de ser incondicionalmente aceptada por la gente más importante en su vida. Cuando alguien es aceptado por otros, se siente a salvo y seguro, sin temor y confiado. Siente que está en condiciones de expresarse abierta y honestamente.

Los sociólogos dicen que la falta de aceptación o rechazo por parte de individuos o grupos sociales es la causa principal de muchos problemas entre los grupos desajustados de la sociedad. La gente que manifiesta conductas antisociales de alguna manera trata de ganar la aceptación de otra gente que nos los aprueba.

El mayor regalo que usted puede hacerle a un niño es amor incondicional. No importa lo que su hijo diga o haga, usted lo ama completamente. Su amor no es negociable. Es una cantidad fija equivalente al 100%. No hay nada que le proporcione a un niño mayor confianza y seguridad que saber que es total e incondicionalmente aceptado por la gente más importante en su vida. Este hecho establece un fundamento mental y emocional sobre el cual el niño crece para convertirse en un adulto feliz, saludable y con confianza en sí mismo.

Sonría

Si lo único que usted ha hecho a lo largo de su vida ha sido sólo expresar continuamente aceptación incondicional a cada persona que ha conocido, tanto en su hogar como en su trabajo, pronto será una de las personas más populares de su círculo de amigos. ¿Y cómo expresa aceptación incondicional? Sencillo: simplemente *sonría*.

Se requieren muchos menos músculos para sonreír que para fruncir el ceño. Cuando usted le sonríe a alguien —con una sonrisa cálida y genuina— usted le comunica a esa persona que ella es atractiva, agradable y segura de sí misma. Una simple sonrisa es tan poderosa que con frecuencia transforma a la gente llevándola de la negatividad y preocupación al optimismo y la felicidad en un sólo instante.

La sonrisa es tan poderosa que muchas relaciones y matrimonios a largo plazo han comenzado con una simple sonrisa de extremo a extremo del salón. Ya usted habrá escuchado a la gente decir que "cuando nuestras miradas se encontraron, los dos supimos que éramos el uno para el otro".

Disfrute de los beneficios

Existe un gran beneficio cuando usted sonríe. Su organismo genera endorfinas en el cerebro, las cuales se conocen como "la droga de la felicidad" porque lo hacen sentir feliz. Ellas incrementan su sentimiento de bienestar y su creatividad. Cuando usted sonríe, siente y actúa en una forma más personal hacia quienes lo rodean. La gente más popular en influyente en la mayoría de las situaciones es aquella que sonríe genuinamente cada vez que se encuentra o se saluda con alguien.

2. *Aprecie* a la gente por lo que hace

La segunda *A* para construir la autoestima es el aprecio. La gente ama ser apreciada por lo que dice y hace. El aprecio demuestra cuánto vale y la singularidad del individuo.

Cuando usted muestra aprecio hacia los demás, les eleva su autoestima, les incrementa su autoconfianza y les aumenta su autoimagen. Mientras más aprecio sienta por alguien debido a algo, mayores intentos hará esa persona por repetir la acción que generó su aprecio, sólo que la siguiente vez intentará hacerlo mejor para merecer más aprecio. La necesidad de sentirse apreciado es como un barril sin fondo que nunca se llena.

La forma más sencilla de expresar el aprecio es diciendo "gracias" por todo lo que los demás hacen y que es útil o positivo. De la misma forma en que al sonreír, cuando usted da las "gracias", su cerebro genera endorfinas y esas palabras a su vez hacen que se generen endorfinas en el cerebro de quien escucha. Cuando usted le agradece a la gente por pequeñeces, ellos intentan complacerlo aún más realizando tareas más importantes.

La historia de un viajero

Hace algunos años un amigo mío que estaba en el lejano Oriente en un largo viaje de negocios me llamó y me preguntó si podía darle un consejo que lo ayudara a llevarse bien con las distintas clases de personas que encontraría en varios países en los que iba a estar. Habiendo yo viajado a esos lugares bastante, le di el siguiente consejo: "Aprende las palabras *por favor* y *gracias* en el idioma de cada país. Úsalas repetidamente y sonríe cada vez que las utilices. Ese simple gesto de tu parte te diferenciará de la mayoría de la gente occidental que pasa por los aeropuertos, hoteles y restaurantes de las ciudades asiáticas".

Luego de varios meses de viaje por esos lugares mi amigo me escribió y me dijo que fue el mejor consejo que pudo recibir. Practicó esas palabras dondequiera que estuvo y quedó realmente sorprendido de qué tan amable y colaboradora era la gente con él, inclusive durante situaciones complejas o difíciles. Me dijo que ese consejo debería aparecer en la portada de la guía turística de todo país.

Cuando usted manifiesta su aprecio hacia otra gente —en su hogar o en el trabajo, inclusive fuera de ellos— por cualquier detalle agradable que los demás tengan, usted está reconociéndoles su valor como seres humanos. Usted está permitiéndoles destacarse por ese gesto específico que tuvieron y los está recompensando por ello. Justo como su mamá le enseñó, las expresiones *por favor y gracias* son como lubricantes que aceitan la interacción entre una y otra persona.

3. Convertirse en alguien *agradable*

Cuando usted realmente se convierte en un gerente positivo y simpático, su actitud en general se esparcirá por todas partes como una tibia luz llenando todo el ambiente de trabajo. Usted creará una atmósfera donde la gente esté relajada y feliz sintiéndose bien acerca de sí misma y de su trabajo. La tercera A que contribuye en el desarrollo de la autoestima es ser *agradable*.

Al pedirle a la gente que describan la clase compañías con las que prefieren trabajar, así como a las personas más comprensibles dentro de esas compañías, el calificativo que ellos más usan para describir tanto a las empresas como a las personas es *agradable*. Pregúnteles a varias personas por qué compran en ese almacén o negocio específicos y ellas le dirán: "Bueno, yo podría ir a otro lugar pero ellos son muy agradables".

Al preguntar sobre el significado de la palabra *agradable*, la definición más común es "alentadora". La gente agradable tiende a ser alentadora la mayoría del tiempo. Dondequiera que hay gente agradable, se comportan de manera positiva y placentera, parecen felices de encontrarse con usted haciéndolo sentir importante y valioso, conectándose con usted emocionalmente. Al ser agradables con usted, estas personas logran que usted se predisponga para hacer negocios con ellas una y otra vez.

Un sinónimo de lo que significa ser agradable es complaciente. Los temores inconscientes, los fracasos y rechazos durante la niñez, hacen que muchos quieran tratar con gente complaciente y amigable la mayoría del tiempo. Nadie quiere tener que pelear o discutir cuando intenta dar su punto de vista o expresar su opinión. Ser amable es el elemento lubricante más especial en la conversación e interacción entre seres humanos.

Tengo varios amigos de negocios con quienes hemos trabajado por 10, 20 y hasta 30 años. Mirando en retrospectiva puedo decir que no hemos tenido una discusión ni desacuerdo. Hemos pasado por transacciones de negocios que han sido costosas y complejas, algunas de las cuales han sido exitosas y otras no. Hemos tenido cientos de horas de discusión y negociaciones, pero jamás hemos tenido interacciones desagradables.

No se permita ser desagradable

Una de las claves del éxito durante la edad adulta es no permitirse ser desagradable. Cada uno tiene derecho a tener su punto de vista. Cada quien aporta diferentes perspectivas ante una misma situación. Pero nunca debe existir la necesidad de ser desagradable ni de tratar de dominar a otra persona con sus puntos de vista. Habrá escuchado el refrán que dice que "un hombre que está en contra de su voluntad, aun así es consciente de su verdad".

La gente exitosa en los negocios sabe manejarse con tacto y diplomacia en sus discusiones con los demás. Consciente y deliberadamente ellos evitan decir y hacer algo que irrite o contradiga a la persona con quien hablan, especialmente en una negociación. En lugar de eso, se muestran agradables y complacientes en todo momento.

¿Qué ocurre si usted y alguien más están en una situación en la que los dos tienen diferentes puntos de vista? ¿Y qué pasa si la otra persona está, según su opinión, completamente equivocada en su apreciación? ¿Qué hacer si no hay forma en que usted esté de acuerdo en algo que alguien requiere de usted dado que su conocimiento y compresión de la situación se lo impide?

De nuevo usted tiene derecho a discrepar sin hacerlo de manera desagradable. Una estrategia para lidiar con distintos puntos de vista es teniendo control total de su ego y tratando de ponerse en el lugar de la otra persona. En lugar de discutir, cada vez que alguien traiga a la conversación un tema contencioso y hasta errado, sencillamente pregúntele: "¿Por qué dice eso?".

Otra forma de estar en desacuerdo sin ser desagradable es utilizando *un tercero imaginario*. Cuando alguien diga algo polémico en lo cual usted discrepa, presente su argumento en la boca de una supuesta tercera persona. Por ejemplo:

"Esa idea es interesante pero si uno de nuestros clientes (una tercera persona) tuviera que preguntar por qué estamos haciendo este cambio, ¿cómo se lo explicarías?".

Harold Geneen, el cerebro de ITT, dijo una vez que "el mayor problema de los negocios no es el alcoholismo sino *el egoísmo*". Desde el instante en que la gente asume su posición, cualquiera que sea, correcta o errada, usualmente surge el ego a defender ese punto de vista en contra de toda objeción. Incluso si estamos totalmente equivocados, mientras más defendemos esa posición, más terquedad surge respecto a ella y mayor dificultad nos cuesta cambiar de idea.

Pero cuando el motivo de la discusión se pone en boca de alguien imaginario, es más fácil para la persona que discute neciamente caer en cuenta de su error porque el ego no está involucrado cuando las opiniones vienen de esa tercera persona imaginaria.

Decida ser simpático

Mi amigo Ron Arden y yo decidimos escribir un libro llamado *The Power of Charm*. Después de años de investigación y experiencia, descubrimos mutuamente que la gente que es descrita como "simpática" es ampliamente más efectiva en su capacidad de influencia y persuasión que aquella que es considerada polémica y aprehensiva.

Si usted quiere ser simpático, sea complaciente y de buenos modales, haga preguntas en lugar de juicios. Luego escuche con gran interés y atención a quien habla.

Una buena estrategia es decidir por anticipado que usted va a ser agradable en toda situación. Resuelva que va a comportarse con calma, amigable y relajado, positivo y complaciente. Es decir, usted será alguien con quien otros disfrutan la conversación y un buen rato. En la medida en que usted logre que la gente se sienta bien acerca de sí misma sin importar qué punto de vista tenga, en esa misma medida ellos estarán en la disposición de cambiar su idea influenciados por usted. Inténtelo y verá que le funciona.

4. Exprese constantemente su *admiración*

Su meta es elevar la autoestima de los demás haciéndolos sentir importantes. Y una de las mejores formas de hacer que la gente se sienta importante y valiosa es *admirándola*.

La admiración es la cuarta *A* de la autoestima. Exprese su admiración hacia otros en cuanto a sus posesiones, cualidades y metas cumplidas. Abraham Lincoln escribió: "A todos nos agradan los cumplidos".

Busque maneras de mostrar su admiración hacia otras personas por alguna adquisición que hayan hecho ya sea en su vida personal o en el trabajo. Muchos invierten una buena cantidad de tiempo pensando en lo que van a comprar para su hogar o su negocio, la ropa y accesorios que usan, el carro que manejan, los libros que leen. Cada vez que usted observa y resalta algo que una persona ha adquirido, exprésele admiración y la persona se sentirá valiosa y feliz.

No existen límites

Admire la ropa y los accesorios de la gente, su buena presentación personal, la corbata, zapatos, vestuario, maletín. Cuando usted vea algo nuevo o diferente y que atrae su atención acerca de alguien, hágaselo saber de inmediato. Diga: "Esa es una linda corbata", "¡Qué vestido tan bello!"; admire ese "maletín tan especial"; comente sobre "ese celular tan útil" que la persona lleva; o sobre "el carro tan lindo" que maneja.

Cuando usted va a la oficina de alguien, probablemente esté decorada con cuadros y pertenencias que son personales e individuales. Tome un momento o dos para notar lo que es importante para esa persona y luego exprésele su admiración deliberadamente. Si usted ve una foto, pregunte quién o quiénes están en ella y manifieste admiración por la forma en que se ven felices o atractivos, o posiblemente porque parece que están pasando un buen rato.

Cuando usted vaya a una oficina ejecutiva, observe el diploma de graduación en la pared, los trofeos, los libros y las herramientas laborales que usa el profesional. Tome un minuto para observar y después diga algo como: "Qué interesante diploma. Usted debe estar muy orgulloso de su título", "Ese trofeo está muy lindo, ¿cómo lo ganó?".

Cuando usted se toma tiempo para admirar algo de alguien que es exclusivo y único, de inmediato hace que esa persona se abra más hacia usted y hacia su posible influencia logrando que cualquier resistencia entre los dos disminuya dramáticamente desde el instante en que usted le hace un elogio. Por medio de la admiración usted construye la autoestima de los demás y hace que ellos se sientan bien consigo mismos y como resultado ellos simpatizan con usted y son más dados a colaborarle.

5. Exprese su *aprobación* constante

Expresar su *aprobación* —la quinta *A*— es una de las maneras más poderosas de elevar la autoestima y hacer que la gente se sienta importante. De hecho, la autoestima es proporcional al grado de aprobación en que la gente se siente.

Cada vez que usted elogia y aprueba a alguien, está satisfaciendo una de las necesidades más profundas del ser humano. Los elogios y la aprobación por cualquier clase de esfuerzo o meta cumplida hacen que las personas se sientan muy felices, valoradas e importantes. La autoestima está directamente relacionada con la autoimagen. Así que entre más usted honre a la gente por lo que hace, mayor posibilidad hay de que ellos repitan la conducta por la cual ganaron elogios.

Practique los elogios para premiar buenas conductas

Algo seguro acerca del poder de los elogios es que deben hacerse deliberada e inteligentemente para obtener máximos resultados. Por ejemplo, si usted quiere desarrollar una conducta positiva en los demás, cada vez que alguien demuestre esa conducta que usted quiere reafirmar, brinde un elogio que haga notaria dicha conducta.

Algunos suelen llegar tarde a las citas; en lugar de criticarlos por su tardanza, elógielos cuando lleguen a tiempo. "Gracias por llegar a tiempo; su presencia aquí es realmente importante".

Cuando usted elogia repetidamente a una persona porque tuvo un comportamiento adecuado, eventualmente, como dice Freud, "la persona irá pasando de lo inadecuado a lo correcto". Comenzará a poner en práctica cada vez más frecuentemente la conducta premiada y eventualmente conseguirá abandonar la negativa.

Elogie inmediatamente

Cuando usted tenga una razón para elogiar, hágalo inmediatamente después del comportamiento positivo de la persona elogiada porque al hacerlo así, el deseo de repetir esa acción será mayor. Si alguien se esmera para completar un proyecto de acuerdo a un tiempo estipulado, sirve de muy poco que esa persona reciba elogios semanas después de haber hecho esfuerzos grandes para lograrlo. Si uno de sus colaboradores trabaja duro y termina un proyecto durante la noche y usted le llama en ese mismo instante, sin importar las altas horas de la noche o la madrugada, para agradecerle después que el proyecto fue entregado, el impacto de ese agradecimiento es enorme en la conducta futura de ese colaborador.

Practique los elogios en todas partes

Ocurrió que una vez mi esposa y yo fuimos a cenar a un restaurante muy especial. La anfitriona del lugar no era exactamente la mujer más complaciente. En todo caso nos condujo a una mesa cerca de la entrada a la cocina. Como suelo hacer, estudié el salón y procuré buscar un sitio mejor localizado para que ella nos reubicara.

Ante mi petición, ella fue muy insolente. "Esa mesa no es buena", nos dijo. "El mesero encargado de esa zona es Henry y es el peor del restaurante". Muy cordialmente le aseguramos que tomaríamos ese riesgo y que preferíamos sentarnos allá, mejor ubicados. La anfitriona nos llevó de mala gana, tiró los menús sobre la mesa y se marchó.

Cuando el mesero vino a la mesa y preguntó si podía ayudarnos, le dije: "¿Su nombre es Henry?". "Sí señor", contestó. "Bueno, pues esta es nuestra noche de suerte", le dije, "algunos amigos nuestros cenaron aquí la semana pasada y nos contaron que usted es el mejor del restaurante. Estamos realmente felices porque usted va a estar atendiéndonos".

Henry estaba atónito y preguntó quién pudo habernos hablado así acerca de él. Yo le dije que no me acordaba de su nombre en el momento pero que sí fue muy enfático en que Henry es el mejor mesero del restaurante.

Voy a hacerle una pregunta difícil: ¿Qué clase de atención cree usted que recibimos? El servicio fue excelente en todo aspecto, obviamente. Henry fue complaciente, positivo, atento y disfrutó de verdad el hecho de atendernos. Cuando nos fuimos le mencioné a la anfitriona que Henry se portó como uno de los mejores meseros que yo había visto. Ella hizo un gesto como si acabara de chupar un limón.

Contribuya al crecimiento de la gente

Winston Churchill dijo: "Si quiere que una persona le demuestre una cualidad especial, impútesela por adelantado".

Cuando usted proclama el potencial o comportamiento de alguien por adelantado, está preparando un campo de energía positiva que motiva a esa persona a comportarse, inclusive mejor, con tal que usted no se sienta defraudado.

Cuando mi hijo David era joven, sufría de timidez y temor al intentar y fracasar en algo nuevo. Pronto comencé a decirle: "Yo sé algo sobre ti ¡Tú nunca te das por vencido! Se lo repetía constantemente. "David, tú nunca te rindes".

Funcionó. Después de algunas semanas se volvió más resuelto y decidido. Una vez comenzaba algo, lo culminaba. La idea de renunciar se le volvió lejana. Como adulto, él casi no tiene temor y jamás se da por vencido. Me dice: "Yo sé algo acerca de mí mismo, yo nunca me rindo".

Elogie públicamente

Esta es otra forma de utilizar el poder de la aprobación para obtener excelentes resultados: si su equipo está haciendo un buen trabajo, llévelo a donde su jefe o a la persona del mayor cargo de la empresa y "haga alarde" de ellos frente a esta persona. Asegúrese de que lo escuchen diciéndole a la persona con alto rango acerca del gran trabajo que sus colaboradores terminaron de hacer. Explíquele la dificultad de lo que realizaron y lo que tuvieron que hacer para lograrlo. Reconózcalo, permita que su equipo vea y sienta su aprobación. Ellos lo recordarán por largo rato.

Otra forma de expresar aprobación es haciéndolo durante las reuniones de trabajo. Antes de comenzar su agenda resalte la labor de una o varias personas que hayan logrado resultados por encima de los esperados. Especifique y explique con los mayores detalles posibles lo que hicieron, cómo y qué tan importantes fueron. Posteriormente pida aplausos para ellos.

Cuando usted elogia en frente de un grupo, los asistentes recordarán ese hecho, aún con el paso de los años. Más que eso, intentarán repetir esa conducta ganadora para hacerse acreedores a más aprobaciones futuras. Cuando usted eleva la autoestima de la gente con elogios constantes, logra que ellos se sientan maravillosos respecto a sí mismos y los motiva a tener un desempeño más alto.

6. Preste *atención* a su gente

Quizás la más poderosa de todas las técnicas para lograr que la gente se sienta importante es escucharla con *atención*. Aprender y practicar esta conducta hasta que se convierta en un hábito puede mejorar sus relaciones en el trabajo y en el hogar, más que ninguna otra conducta. Prestarle atención a la gente es la sexta y última *A* necesaria para construir autoestima.

Escuchar es una habilidad esencial en un buen mánager. Se dice que valoramos a quienes consideramos importantes. Usted escucha cuando su jefe le habla; cuando alguien a quien usted admira, habla; cuanto más importante sea la persona, más usted retiene sus palabras y mayor influencia tienen ellas sobre usted.

Por otra parte, usted siempre ignora lo que no valora. Para decirlo de otra forma, cuando usted ignora a una persona, la devalúa, tanto frente a sí misma como frente a los demás.

Permita que los demás se expresen

Uno de los errores más grandes que comenten los gerentes es que ellos dominan la conversación. Hablan demasiado, interrumpen y terminan las ideas de otros, ignoran lo que les dijeron y se apresuran a exponer sus puntos de vista. Pasan por encima y hasta excluyen las explicaciones porque ellos están en la posición de control y tienen el poder para hacerlo.

Pero cada vez que usted no presta atención cuando le hablan, al ignorar a los demás, los hace sentirse desvalorados y poco importantes. Si usted lo hace en presencia de otros, su mensaje hacia quienes los rodean es que esa persona que está hablando carece de importancia. Y no sólo eso, sino que la otra gente empiezan a pensar que ellos también carecen de importancia para usted. Así comienza a construir un espiral descendente que termina en infelicidad e insatisfacción dentro del trabajo.

Cuando yo dirijo las reuniones con mi equipo, cada miembro tiene su espacio dentro de mi agenda. Recorro toda la lista y cada persona es invitada a actualizar a todo el equipo con respecto a lo que está haciendo, el problema que afronta y sus planes futuros.

El gran despertar

Como nuevo empresario, yo utilizaría las reuniones de personal como una oportunidad para abstenerme de decir mis brillantes ideas, opiniones, puntos de vista y consejos. Otra gente necesita expresarse. Eventualmente, en esas reuniones alguna gente suele sentarse lo más calladamente posible, dar respuestas de una o dos palabras si se les pregunta, para al final marcharse lo más callados que pudieron al terminar la reunión.

Me preocupaba pensar que desde la gerencia me fuera posible abusar del cargo. No sólo eso, estaba desperdiciando el tiempo de mi equipo y demeritando su efectividad. Decidí hacer un giro y en lugar de interrumpir, comencé a decir menos y a prestar mucha más atención cuando los demás hablaban.

Actualmente, cuando alguien está hablando dejo todo a un lado, me inclino hacia delante y escucho con atención a quien habla. Hago un gesto en señal de acuerdo, sonrío y animo a los miembros del equipo a continuar expresándose.

Con frecuencia tomo notas y luego pregunto para invitarlos a ampliar lo que acabaron de decir. Cuando la gente menciona algo que han hecho, siempre los congratulo y elogio frente al grupo.

Como resultado de esta total atención hacia todas las personas, cada uno siente entusiasmo de tener la oportunidad de hablar y compartir sus experiencias e ideas con el equipo. Todos tienen una actitud de "casi no puedo esperar para hablar". Al final de cada reunión de personal, todos los miembros están felices y llenos de energía. Todos están sonrientes, riendo y hablando. Están energéticos y entusiasmados de volver a retomar su trabajo.

Cada ejecutivo que ha empezado a usar este estilo de conducta durante sus reuniones de personal se ha quedado asombrado frente al aumento de motivación, moral y energía de su equipo. Y todo lo que se requiere es decidir que por su parte usted se abstendrá de sus comentarios fascinantes y en lugar de ellos se enfocará en escuchar con atención a los miembros de su equipo cuando hablan.

Cuatro claves para escuchar eficazmente

Existen cuatro claves para escuchar eficazmente. Siempre han sido las mismas, sin importar cuántos libros y artículos sobre el tema usted haya leído, todos se resumen en las siguientes técnicas:

1. *Escuche atentamente:* escuche sin interrumpir, inclínese hacia delante en señal de atención frente a la persona que habla directamente, asienta, sonría y sea agradable. Cuando usted asiente y sonríe está alentando a quien habla a que mantenga su discurso y a expandirse en lo que está diciendo.

Escuchar con atención es una herramienta eficiente para construir autoestima. Cuando la gente observa que es escuchada, especialmente por alguien importante, su organismo responde —es posible que se sonroje o sude—, la autoestima se eleva, el cerebro genera endorfinas y la persona se siente feliz, importante, valorada y su autoestima se fortalece.

Inicialmente se requiere una gran disciplina para escuchar con atención y sin interrumpir. Pero con el paso del tiempo, a medida que usted observa los beneficios de escuchar en esa forma, la practicará cada vez más frecuentemente.

2. *Haga una pausa antes de contestar:* se ha dicho que "gran parte de la conversación consiste en esperar". En la mayoría de los casos, la gente que usted cree que está prestando atención, realmente no lo está haciendo. Están preparando sus respuestas y alistándose para lo que tienen que decir cuando su interlocutor haga un alto. Entonces aprovechan y hacen sus comentarios ignorando ampliamente lo que la persona acaba de decir. Rompa este hábito. Remplácelo por la costumbre de hacer una pausa de tres a cinco segundos antes de contestar. Durante esos segundos —o más si es posible—, usted obtendrá tres beneficios:

- Eliminará el riesgo de interrumpir al interlocutor, en caso que sólo esté reorganizando sus pensamientos para continuar.

- Le mostrará a su interlocutor que usted está respetando cuidadosamente lo que él acaba de decir, lo cual significa que usted valora lo que él dijo, y por consiguiente, usted valora a la persona, sus ideas y palabras.

- Cuando usted hace una pausa, realmente escucha a la otra persona a un nivel más profundo, obtiene más del mensaje al permitir unos segundos para que el mensaje se posesione. Peter Drucker dijo: "Lo importante en una conversación no es lo que se está diciendo sino lo que se dejó de decir".

3.   *Haga preguntas aclaratorias:* en lugar de irrumpir con sus propias ideas y opiniones, haga una pausa, respire profundo y formule preguntas como "¿qué significa lo que dijo?". o "¿qué quiere decir exactamente?".

Recuerde que la persona que hace preguntas tiene el control. Al tomarse el tiempo y preguntar para animar a quien está hablando a que elabore un poco más lo que dijo, usted controla la conversación. Cuando usted hace preguntas, también tiene la oportunidad, tanto de volver a escuchar más atentamente, como de reforzar la autoestima e importancia del que habla.

Más que nada, recuerde esta regla: "Quien escucha construye confianza". Cuanta más habilidad tenga para escuchar a los demás, mayor será la confianza que le tengan y más abiertos estarán los demás a ser influenciados y persuadidos por usted. *Contar* no es vender.

Si usted hace buenas preguntas y se muestra atento hacia las respuestas, la gente le sentirá aprecio, confianza y fe, por lo tanto se abrirán con usted. Además, si usted habla mucho, interrumpe e interviene con sus comentarios, logrará que la gente se sienta irritada y frustrada y por esa razón se mostrarán menos abiertos hacia sus sugerencias.

4.   *Retroalimente con sus propias palabras:* este es el verdadero "test ácido" para quien escucha. Cuando usted sabe sintetizar rápidamente lo que le acabaron de decir y lo hace con sus propias palabras, dando una retroalimentación, le está mostrando al hablante que usted estaba genuinamente escuchando.

La mayoría de la gente asiente y sonríe, como el juguetico en la parte trasera del carro, cuando escuchan a otra persona, pero es mucho más importante que usted comente cuidadosamente sobre lo que escuchó. Así, cuando la persona está de acuerdo y dice: "¡Así es! ¡Eso fue lo que quise decir!", usted se asegura que esa persona sepa que usted *realmente* la estaba escuchando.

Tenga mayor cuidado con sus palabras

Lo más importante de todo lo que explico en este capítulo es acerca de conductas que usted probablemente ya practica. La única pregunta es: "¿Qué tan *frecuentemente* las practica con su equipo de trabajo?".

Si usted se da a sí mismo una calificación de 1 a 10 en cada uno de los aspectos que construyen la autoestima, tendrá un buen punto de partida. Inclusive si se da una calificación bajita, también es un buen lugar para comenzar.

No tiene que cambiar su conducta completamente en ningún aspecto. Simplemente tome la decisión de elevar su puntaje entre 1 y 2 puntos en alguna conducta específica durante los siguientes días o semanas. A medida que revisa estas ideas, imagínese cómo trataría a su personal si ya fuera excelente en cualquier área de su comportamiento.

Cuando usted crea una imagen mental de sí mismo lo suficientemente clara, sonriente, agradeciendo a la gente, siendo agradable, expresando admiración y aprobación, prestando atención cuidadosa a quien habla, usted programa con anticipación su mente subconsciente para comportarse de esa manera al interactuar con todos y cada uno de los miembros de su equipo.

Usted ya conoce la regla 80/20, la cual dice que 20% de lo que usted hace influye sobre el 80% de los resultados que obtiene. Trabajando con su equipo, el 20% de su conducta influye sobre el 80% del impacto que usted ejerce sobre otros, y dicha conducta consiste en todo lo que usted hace para "lograr que otros se sientan importantes".

Cuando usted logra que todos en su empresa se sientan importantes, usted está cerca de convertirse en un gerente sobresaliente con resultados cada vez mayores por parte de todos los que trabajan para usted.

Ejercicios prácticos

1.   Decida hoy eliminar de su vocabulario y de su lugar de trabajo las críticas, las quejas y los juicios condenatorios.

2.   La próxima vez que haya un problema o malentendido de cualquier índole, enfóquese de inmediato en el futuro, en la solución y en lo que debe hacer para mejorar la situación, en lugar de enfocarse en "quién hizo qué".

3.   Cada día de trabajo ponga en práctica caminar por su lugar de trabajo con una sonrisa para todos antes de comenzar la jornada.

4.   Convierta en un hábito agradecerle a la gente por todo lo que hacen, de menor o mayor importancia.

5.   Tome cada ocasión para halagar a su equipo por el cumplimiento de sus metas, ya sea personalmente, por correo electrónico o por teléfono.

6.   Halague a la gente por su apariencia física, por sus logros. Hágalo de forma individual con frecuencia.

7.   Escuche a los miembros de su equipo con atención cuando ellos quieran hablarle. Deje de hacer lo que está haciendo, apague su teléfono, deje de revisar papeles y enfóquese en sus palabras.

CAPÍTULO CINCO

Aléjese del temor

> "Lo que yace oculto para nosotros,
> …es pequeñito comparado con lo que yace
> …en nuestro interior".
>
> —Ralph Waldo Emerson

El **mayor obstáculo** para tener éxito, felicidad, alto desempeño y productividad en cualquier área de su vida está relacionado con temores de toda índole.

El temor es y siempre ha sido el mayor enemigo de la humanidad. Más personalidades han sido ignoradas y destruidas por el miedo que por ningún otro factor. Más relaciones se hieren por temor que por ningún otro sentimiento y sin embargo este se manifiesta. Más enfermedades sicosomáticas son causadas por miedos que por ninguno otro factor. La minimización y eliminación del temor es la llave para llegar a ser un ser humano totalmente feliz y realizado.

Una de las recomendaciones más importantes de W. Edwards Deming, quien revolucionó el control de calidad japonés entre los años de 1960 y 1970, fue "alejarse del temor". Él concluyó que lo opuesto a un sitio de trabajo lleno de te-

mores es una atmósfera de innovación, creatividad, espontaneidad, mayor energía e incremento en la productividad. En
un ambiente de trabajo donde nadie tiene temor de hacer o
intentar nuevas cosas, todos se enfocan más y más en realizar
su trabajo cada vez mejor.

Un gran sitio para trabajar

En una investigación para encontrar "qué hace de un lugar
un gran sitio para trabajar", el factor tal vez más importante
es la *confianza*. Esta existe cuando usted tiene libertad para
decir: "Sé que puedo cometer un error en mi trabajo sin ser
criticado o despedido".

Cuando la gente se siente libre durante todo el tiempo
para intentar otros procedimientos con el fin de hacer un
trabajo más efectivo, incrementar la calidad y mejorar el servicio al cliente, la atención y energía de quienes trabajan allí
se enfocan en hacer el trabajo mejor.

Como usted recuerda, Abraham Maslow se refería a la autoestima y a la realización propia como a "necesidades del
ser humano", lo que la gente necesita satisfacer para desarrollar su potencial individual y convertirse más y más en lo
realmente pueden. Cuando usted se aleja del temor, la que
emerge en usted es la persona más productiva posible.

En la discusión de Frederick Herzberg acerca de la administración según la Teoría X y la Teoría Y, él hacía una
diferencia entre los factores de salubridad e higiene —tales
como un buen salario, buenas condiciones y seguridad en el
trabajo— y los factores de crecimiento, los cuales consisten
en realizar un trabajo interesante, tener compañeros agradables y un ambiente que incentive y recompense las mejores
cualidades del individuo. En otras palabras, un ambiente de
trabajo donde la gente no se sienta *temerosa* de lograr su
mejor desempeño, ni tema la crítica ni la desaprobación, es
esencial para sacar a relucir lo mejor de cada uno y desatar el
potencial desconocido de todo individuo.

Todos tenemos temores

El hecho es que todos tenemos temores de diferente índole. Miedos de toda clase, sin embargo, grande o pequeño, consciente o inconsciente, el miedo inhibe y paraliza la acción y el desempeño. El instante en que un temor aparece en la mente de una persona, debido a la necesidad de seguridad descrita por Maslow, el individuo piensa inmediatamente en términos de minimizar y abolir la situación que lo atemoriza en lugar de maximizar su desempeño y efectividad.

Sigmund Freud se fundamenta bastante en lo que él llamó "el principio del placer". Dijo que casi todo lo que hacemos es para buscar placer y evitar dolor. Constantemente nos alejamos de aquello que nos produce infelicidad o temor y buscamos situaciones donde nos sintamos más felices y mejor acerca de nosotros mismos. Dicho de otra forma, estamos moviéndonos frecuentemente de *la incomodidad a la comodidad*.

La clave de las ventas

Por ejemplo, en los negocios el éxito financiero y el crecimiento son ampliamente determinados por la habilidad de la empresa para vender sus productos y servicios a clientes escépticos dentro de un mercado competitivo. El éxito financiero es directamente proporcional a la habilidad de su compañía para hacer que la gente se decida por su producto o servicio.

¿Por qué un usuario se decide por su empresa? Es sólo cuando un cliente siente que al negociar con usted pasará de una situación menos satisfactoria a un estado de mayor satisfacción. Los economistas llaman a este el estado de "sentimiento de insatisfacción". El prospecto de cliente debe sentirse insatisfecho en su situación actual antes de realizar una compra. Entonces debe ver que comprar su producto o servicio lo aliviará de dicho sentimiento de insatisfacción y lo guiará a un estado de mayor satisfacción. Sólo entonces ocurre la compra.

En un mercado competitivo no tratamos de crear necesidades. Tratamos de identificar clientes que ya tengan una necesidad o sentimiento de insatisfacción existente y luego les mostramos que nuestro producto o servicio satisface esa necesidad y quita la insatisfacción. Debido a la competencia, debemos convencer a ese prospecto de cliente que de todas las opciones disponibles en el mercado para satisfacer sus necesidades, la nuestra es la que mejor va a satisfacerlo.

Elimine los temores que lo retrasan

En el mundo laboral, una de las funciones más importantes del gerente en cuanto a sacar a relucir el potencial ilimitado de su equipo de colaboradores, es alejarlos de toda clase de temor dentro del ambiente de trabajo. Para hacerlo, el gerente primero debe entender de dónde vienen esos temores, comenzando desde la infancia y comprendiendo la forma en que cada uno de ellos fue afectado a nivel individual; el gerente también necesita saber qué puede hacer para minimizar esos temores, tanto en él mismo como en los demás.

En la planeación y establecimiento de metas estratégicas y personales, existen cuatro preguntas que usted debe hacer para empezar:

1. ¿Dónde nos encontramos actualmente?

2. ¿Cómo llegamos aquí?

3. ¿Dónde queremos estar en el futuro?

4. ¿Cómo vamos a llegar allá?

Las siguientes secciones de este capítulo tratan sobre los aspectos de la segunda pregunta: *¿Cómo llegamos aquí?* Nos enfocaremos en lo que sabemos acerca de dónde vienen los temores y cómo aplicarlo al mundo de la administración y los negocios.

Teoría de *la tabla rasa*

El filósofo del Siglo XVIII, David Hume, proponía que la gente viene al mundo como una "tabla rasa", una hoja en blanco en lo referente a lo que van a ser como adultos. Aunque cada niño nace con talentos, habilidades, intereses e inclinaciones inherentes, además de un potencial personal en términos de personalidad, cada persona es una hoja en blanco.

Cuando el niño nace no tiene ninguna clase de temores, excepto caerse y escuchar sonidos estruendosos. Todos los miedos que usted tiene como adulto le han sido enseñados a medida que crecía. Los miedos se aprenden, no nacieron con usted ni son heredados. Son formas de pensar y sentir que se adquieren acerca de sí mismo y del mundo. El único poder que tienen es el que usted esté creyendo que ellos tienen.

Dos cualidades destacadas

Cada niño nace con dos características destacadas. La primera es que el recién nacido es completamente *desprovisto de temores* (excepto los que mencioné anteriormente: caerse y escuchar ruidos estruendosos). El niño tocará, probará, sentirá y se inmiscuirá en cualquier asunto; un niño correrá entre el tráfico, subirá escaleras, cogerá cuchillos, saltará en piscinas y hará con frecuencia cosas que atentan contra su vida y bienestar durante la edad temprana. El niño no tiene miedo, no ha aprendido todavía que existen ciertas cosas que él hace que pueden ser peligrosas y hasta fatales para él y los demás. Esta actitud de querer hacerlo todo se expresa en: "¡Yo puedo!", "¡Yo hago cualquier cosa!".

La mayoría de los padres invierten sus primeros años previniendo a sus hijos de herirse o agredirse en una variedad de formas. Todos los días usted lee acerca de historias como la del padre que se distrajo por tan sólo unos segundos o minutos y el niño corrió hacia el tráfico o se cayó en la piscina y se ahogó. Por eso es que los padres, en la mayoría de los casos, nunca les permiten a sus hijos que se queden solos en su época de crecimiento. Las consecuencias de un pequeño error pueden ser demasiado negativas.

La segunda cualidad que tiene un recién nacido es su total *espontaneidad*. No tiene inhibiciones ni reservas de nada. Llora, ríe, moja su pañal cuando quiere, tira la comida, hace lo que quiere, dice lo que le place cuando quiere, sin restricciones.

Todo papá recuerda a su hijo sentado en su silla de bebé tirando la comida por todas partes y riendo feliz. Los padres invierten una gran cantidad de tiempo recogiendo el desorden de sus pequeños. Esta actitud se revierte en que los hijos terminan por creer que "¡Yo no tengo por qué recoger nada!".

Pensando sin temor

Como suele suceder, el estado natural y normal de todo adulto que funciona correctamente a nivel emocional, es actuar sin temores y espontáneamente. De hecho, a través de nuestra vida nos alejamos del malestar que causa sentir temor y nos dirigimos hacia una atmósfera en la cual estemos cómodos, felices y relajados.

Los mejores tiempos de su vida adulta son cuando usted está con su familia o amigos y se siente relajado diciendo y haciendo lo que desea, sabiendo que usted es amado y respetado por quienes los rodean. Sus errores parecen no ser importantes y usted puede ser genuino, sin temor a ser juzgado, desaprobado o criticado por nada.

Cuando los padres tratan de controlar

Para minimizar la incomodidad e inconveniencia que causa la conducta del niño sin límites claros, los padres tratan de controlar a sus hijos desde temprana edad. Como adultos, están preocupados con su trabajo, los amigos, familia y actividades externas.

Con frecuencia toman la decisión inconsciente de simplificar de forma más rápida y fácil su vida manteniendo a sus hijos "a la raya".

Cuando mis padres estaban en crecimiento entre los años de 1930 y 1940, los libros y artículos más populares en la crianza de los hijos enseñaban que el trabajo de los padres con sus hijos era "doblegar la voluntad del muchacho". Este consejo dio lugar a las expresiones: "Los niños fueron hechos para verlos, no para escucharlos" y "Haga lo que digo, no lo que hago". La idea consistía en que los niños a edad tierna eran una especie de animales domésticos, como un perro o un gato. Debían supervisarse, monitorearse y entrenarse para que practicaran conductas adecuadas que fueran convenientes y aceptables para los padres, sus *dueños*. Muchos padres en la actualidad aún tratan a sus hijos como tratarían a una mascota. Llegan a casa, intercambian algunas palabras y después pasan el resto de la noche viendo televisión mientras sus hijos corren libremente alrededor de la casa.

Cuando los padres actúan como actuaron sus padres

A menos que los padres hagan una decisión deliberada y consciente de cambiar, tenderán a tratar a sus hijos de la misma forma en que ellos fueron tratados durante su época de crecimiento por sus progenitores. Si tuvieron padres negativos y críticos, ellos también serán padres negativos y críticos hacia sus hijos. Como no tienen otro marco de referencia, esta manera de tratar a los niños les parecerá normal y natural porque es todo lo que han conocido o experimentado hasta ahora.

En un intento por detener a sus hijos de hacer lo que ellos quieren, la primera palabra que los padres dicen es "¡No!".

También utilizan expresiones como ¡Deja de hacer eso! ¡Aléjate de ahí! ¡No toques eso! Tales advertencias están generalmente acompañadas de ruido, ademanes, tonos de voz emocionalmente cargados y a veces con la amenaza o la realidad de castigo físico. Los padres imparten estos castigos "por la seguridad del niño". Ellos creen con frecuencia sin pensarlo que advirtiendo y gritando a sus hijos para que no hagan cosas potencialmente peligrosas, están realmente ayudándoles a desarrollar su capacidad de razonamiento y perspectiva con relación a su conducta.

La respuesta emocional del niño

Pero los niños son 100% emocionales durante su formación y no tienen comprensión de lo que es bueno o malo, correcto o incorrecto, peligroso o seguro. Necesitan amor como las rosas necesitan lluvia. Su mayor necesidad es sentirse seguros y amados incondicionalmente por sus padres. Cuando ellos se enojan y les gritan "¡No!", "¡Para!", los niños sólo internalizan *una* cosa —el sentimiento de que "cada vez que yo toco o hago algo nuevo o diferente, mi mamá o mi papá se enojan conmigo. Debe ser porque soy muy pequeño, muy incapaz y demasiado incompetente para hacer algo bien".

Desde temprana edad, como resultado de tantos "¡No!" y "¡No hagas eso!", el niño se siente inadecuado e incapaz de intentar o hacer algo nuevo y diferente. El niño internaliza las palabras "¡No puedo! ¡No puedo! ¡No puedo!".

El primer gran temor

Si el desánimo causado por los padres es severo y continuo, pronto el niño desarrolla el temor a fracasar, el cual es el mayor de todos los obstáculos para triunfar, alcanzar metas y ser feliz en la edad adulta. El temor al fracaso es conocido por los sicólogos como un "hábito inhibidor y negativo". Es un sentimiento de ser inadecuado, inhábil e incompetente.

En casos más severos, cada vez que un individuo ya en edad adulta es, por ejemplo, propuesto por alguien como su jefe con el propósito de realizar alguna labor de liderazgo, esta persona reacciona cual venado frente a las luces de un carro. En lugar de pensar en la oportunidad o en el potencial de la nueva situación, inmediatamente piensa en la posibilidad de fracasar y en la reacción negativa que recibirá de los demás.

En la edad adulta, el miedo a ser inadecuado es uno de los más grandes obstáculos para intentar nuevas experiencias. Surgen pensamientos como: "¿Qué va a ocurrir conmigo si esto no funciona?", "¿Qué si lo intento y no marcha conforme a lo que se espera de mí?", "Si trato y fracaso los demás estarán molestos conmigo, me criticarán y desaprobarán". Como resultado, el sentido de seguridad del individuo se afecta.

Los patrones del hábito inhibidor negativo también se experimentan *físicamente*. Por ejemplo, la primera manifestación física del temor al fracaso o a cometer un error repercute en el plexo solar, que consiste en el centro nervioso del cuerpo ubicado en la boca del estómago. Luego el corazón comienza a latir más rápido y con frecuencia la garganta se reseca. Cuando usted está realmente atemorizado, su vejiga se dilata y siente la necesidad de ir al baño. Ante un momento de mucho temor también suelen presentarse con alguna frecuencia dolor de cabeza y malestar estomacal. La sola idea de intentar algo nuevo o diferente en donde cabe la posibilidad de fracasar, causa efectos físicos y malestares que pueden mantener a la gente sin conciliar el sueño y hasta hacerla sentir físicamente enferma.

Cómo eliminar el temor al fracaso

Es posible eliminar un pensamiento negativo remplazándolo con uno positivo. Quizás la forma más poderosa de erradicar el miedo a fracasar y el sentimiento de "No puedo, no puedo" es diciendo "Puedo hacerlo, puedo hacerlo. Puedo hacer todo lo que me proponga".

Al repetir esas frases una y otra vez, sus temores o fracasos disminuyen y su sentimiento de confianza aumenta. Cuando usted dice esas frases mágicas repetidamente, comienza a cancelar los mensajes negativos de su niñez y se va convirtiendo en alguien nuevo con otra personalidad.

Mis padres, debido a sus propios temores, siempre me dijeron que yo no era capaz de lograr nada, que perdería mi dinero o mi tiempo y que de cualquier forma, fracasaría. Fue así como me trasladaron sus temores más profundos y su inseguridad. Todavía sigo trabajando para deshacerme de todo eso por completo.

Cuando Bárbara y yo tuvimos nuestros cuatro hijos decidimos reversar ese mensaje. Las únicas palabras que nuestros hijos escuchaban cada vez que contemplaban la posibilidad de hacer algo distinto eran: "¡Tú puedes hacerlo! Eres capaz de hacer todo lo que venga a tu mente". Como resultado todos nuestros hijos crecieron con la total convicción de que triunfarían en cualquier meta que se trazaran. El temor al fracaso entra muy rara vez en sus pensamientos.

Cómo neutralizar el temor

Otra de sus funciones esenciales como gerente es neutralizar el temor al fracaso y los patrones que generan hábitos negativos inhibidores en la gente que usted dirige. Lo logra al decirle a su equipo que no hay ningún inconveniente en cometer un error. Cuando usted le asigna una labor a alguien, anímele a dar lo mejor de sí y asegúrese de decirle que si lo que realiza no tiene los resultados esperados, tanto usted como esa persona utilizarán esa experiencia para continuar adelante intentando una vez más lo que quieren lograr hasta tener éxito.

Es interesante que los *líderes* nunca hablen de fracasar en nada de lo que hacen. En lo que a ellos se refiere, no existe tal cosa llamada "fracaso". En lugar de eso utilizan frases como "experiencia de aprendizaje", "retroalimentación fructífera" o "resultados no tan óptimos". Pero nunca emplean el término *fracaso*. Para ellos no existe el fracaso, simplemente existen lecciones. Como la mayoría de lo que se intenta inicialmente no funciona, y a veces continúa sin funcionar a pesar de varios intentos, los líderes ven el fracaso como una parte necesaria e inevitable de la actividad empresarial.

Trate el fracaso como una experiencia de aprendizaje

Cuando alguien tiene una función dentro de mi empresa y comete un error, se equivoca o termina por costarnos alguna suma de dinero (casi siempre es el caso), yo animo a esa persona a que primero que todo diga: "Yo soy responsable". Una vez que ha admitido su parte de responsabilidad en cuanto a lo ocurrido no tiene necesidad de defenderse ni dar excusas ya que al aceptar su responsabilidad, el problema ocurrido se convierte en cosa del pasado.

Lo segundo que hago es preguntar: "¿Qué hemos aprendido de la situación?". Entonces es posible discutir el error o problema como si le hubiera ocurrido a alguien más en otra compañía. Afrontamos la situación con la mayor neutralidad posible. La examinamos desde todos los ángulos para ver qué aprendemos del error que nos habilite para ser más sabios y hacer mejores decisiones en el futuro.

Enfocarse en el futuro

Una de las mejores formas de desechar el temor cuando alguien comete un error es utilizar lenguaje que deje atrás la situación actual refiriéndose a la situación problemática como "la próxima vez", "en el futuro" o "de ahora en adelante". Por ejemplo usted puede decir que *"en el futuro, cuando esto ocurra, ¿por qué no hacemos esto en lugar de aquello?"*. O que "la *próxima vez* que esto pase o se presente, hagamos así o asá para asegurarnos que este problema no vuelva a ocurrir". También puede plantear que *"de ahora en adelante,* cada vez que tengamos esta clase de situación, por qué no actuamos de esta forma para asegurarnos de minimizar los riesgos y maximizar las oportunidades".

Lo bueno de usar estas expresiones es que se neutraliza cualquier crítica y se enfoca la atención de su equipo en el futuro. Al criticar a alguien por algo que ha ocurrido en el pasado y que no se puede cambiar, la persona no tiene más opción que sentirse enojada, a la defensiva y temerosa. Se vuelve negativa y llena de temor. Decide no tomar riesgos futuros y en lugar de eso prefiere ir a la fija. Si las críticas de los errores se difunden por toda la organización, en menos de nada todos aprenden que "si quieres que te vaya bien, mejor seguir la corriente, no intentes nada nuevo".

Celebre los errores

Una de las mejores formas para alejar el temor al fracaso es celebrando los errores. Cuando alguien se ha equivocado y le cuesta dinero y tiempo a la empresa, y ya usted lo ha discutido con esa persona de una manera amigable y positiva, mencione el asunto en su siguiente comité de personal. Explique frente a todos lo ocurrido, cómo lo solucionó y cuánto costó. Luego, pida un aplauso para la persona que cometió el error.

Convierta el error en una celebración congratulando al responsable, en primer lugar, por haber tomado el riesgo.

Reafírmele al grupo que cometer errores es tan natural como respirar. Todo mundo comete errores. Lo más importante es que podamos aprender de ellos y capitalizar el aprendizaje para el futuro. Esta respuesta y conducta de su parte tendrán un enorme impacto para construir un equipo de trabajo temerario con integrantes de alto rendimiento.

El temor al rechazo

El segundo temor más común que los niños desarrollan con el correr del tiempo es el temor a la crítica o al rechazo. Los sicólogos lo llaman "el patrón del hábito compulsivo negativo". El niño aprende esta clase de temores cuando los padres, en su intento de controlar la espontaneidad de su hijo, lo castigan privándolo de su afecto y aprobación. Un sicólogo dijo que "todos los problemas de la edad adulta se deben a "haberle retenido amor al niño".

Los niños necesitan amor de la misma forma en que necesitan oxígeno. Sentir seguridad es la necesidad más profunda del infante vulnerable. La primera fuente de esa seguridad es el amor y la aprobación de los padres. Si ellos le retienen estos sentimientos a su hijo por algún tiempo, pronto el niño se vuelve ansioso y lleno de temores.

Las experiencias tempranas

Cuando Bárbara y yo tuvimos nuestro primer hijo leímos más de 30 libros sobre la crianza de los hijos. Esta inmersión en cómo y por qué los niños se comportan de la manera que lo hacen en la edad temprana fue nuestro salvavidas. Una de los conceptos más importantes que leímos fue que cuando ellos lloran en la noche debe ser porque tienen hambre o porque necesitan un cambio de pañal. Pero en muchos casos solamente lloran para ver qué tan seguros están en su nuevo mundo.

El tiempo que transcurre entre el momento en que el niño llora y el momento en que su padre viene a confortarlo y reafirmarle su amor, es el indicador de qué tan seguro él se encuentra. Si el niño llora por cierto espacio de tiempo sin alguien que venga a ocuparse de él, comienza a sentir temor e inseguridad, los cuales se programan en su mente subconsciente y se manifiestan frecuentemente en formas de miedo e inseguridad cuando el niño pasa a ser adulto, años después. Es por eso que usted necesita darles a los niños demasiado amor, comodidad, seguridad y aprobación en sus años de formación.

Según la antigua forma de pensar, la gente decía: "Deja al niño llorar porque el llanto lo fortalece". Sin embargo lo que hemos encontrado es que los niños que se dejan llorando solos en la noche, crecen temerosos, inseguros, inciertos, tímidos y necesitados de reafirmación y aprobación de los demás. Los niños cuyas necesidades inmediatas son atendidas constantemente, crecen con mayor sentimiento de seguridad, autoconfianza y deseo de tomar riesgos porque no tienen miedo de perder la aprobación de las personas más importantes para su vida.

Manipulación y control

A medida que los niños crecen, los padres consideran que muchas de sus conductas son inconvenientes y disruptivas. Al igual que los demás adultos, los padres buscan el camino de la menor resistencia y tratan de hallar la mejor forma de manipular y controlar a sus hijos siendo severos y desaprobándolos cada vez que sus hijos hagan algo inadecuado según su opinión como padres. La forma más rápida y fácil de controlar a alguien que depende de usted, de su amor y aprobación, es *retirándoselos*. Úselos como herramienta, con moderación para obtener sus deseos, retírelos rápidamente para manipular la conducta del otro, en este caso el niño. Pero en ocasiones, esta conducta está implícita detrás de muchos problemas de la vida adulta.

Como resultado de esa conducta de retirar o retener su amor o aprobación, el niño se aterroriza a nivel inconsciente y pronto comienza a pensar: "Sólo estoy seguro y me siento amado cuando hago lo que mis padres quieren, aprueban y los hace felices". Entonces los niños toman la decisión inconsciente de complacer a sus padres en todo momento y resuelven hacer lo que sus padres quieren que ellos hagan en ese instante. Así es como comienzan a decir "¡Tengo que hacerlo! ¡Tengo que hacerlo! ¡Tengo que complacer a los demás!".

Hipersensibilidad hacia los demás

Este patrón compulsivo de conducta negativa hace que el individuo, primero en su niñez, luego en su adolescencia y después como adulto, sea hipersensible hacia las opiniones de los demás. Cuando los niños crecen constantemente atemorizados de hacer o decir algo que sus padres desaprueben, pronto se vuelven también temerosos de hacer y decir lo que sus compañeros de la escuela puedan desaprobar. Esta es la razón por la cual los adolescentes se preocupan tanto por la opinión de sus compañeros y con frecuencia se visten, hablan y se comportan de la manera que lo hacen. Ese es su intento invariable de ganarse la aceptación incondicional y la aprobación que ha sido retenida para ellos por parte de sus padres.

La mayor influencia que usted puede ejercer sobre sus hijos de todas las edades es ser usted su primera y más importante fuente de amor y aprobación. Cuando el niño sabe que sus padres lo aman incondicionalmente y sin importar qué errores cometa, entonces el niño organiza su vida para convertirse en la persona y hacer las cosas que él siente que sus padres más admirarían y aprobarían.

Alejando la culpa

Una de las emociones más insidiosas y destructivas que se desarrolla en los niños cuando los padres dan y retienen amor en su intento por manipular y controlar a sus hijos, es la culpa. El niño está siendo preparado para sentir culpa si hace algo que disgusta a sus padres.

Si las frases asociadas con la culpa y el temor o la crítica son "Tengo que hacerlo", entonces la frase para invalidar esos sentimientos es "No tengo que hacerlo. No tengo que hacer nada que yo no quiera hacer".

Juntos, tanto Bárbara como yo fuimos criados en familias dominadas por lo que podríamos llamar "religión negativa", en donde sentir culpa y hacer que los demás también se sintieran culpables fue parte fundamental de la crianza. Cuando tuvimos nuestros hijos resolvimos eliminar la culpa de nuestra familia. Nunca la utilizaríamos ni permitiríamos que se usara con nuestros hijos. Jamás hicimos que ellos sintieran que "tenían que hacer algo" para merecer nuestro amor y aprobación incondicionales.

Fuera de las cuestiones de seguridad personal cuando eran jóvenes, nunca hemos demandado ni insistido en que nuestros hijos hagan o dejen de hacer algo. Siempre les hemos dicho que ellos son libres de tomar sus propias decisiones. Siempre estamos allí como padres para darles nuestro consejo, si ellos lo requieren, pero lo que sea que ellos decidan hacer, siempre reciben el 100% de nuestro apoyo.

Lo más asombroso es que con este grado ilimitado de libertad ellos casi siempre han tomado buenas decisiones, y si toman una mala decisión, la corrigen rápidamente. Pero lo mejor de todo es que han crecido siendo personas positivas, felices, autoconfiadas, sin tener que soportar críticas destructivas ni culpas.

Ser un buen ejemplo

Un punto interesante es que usted no tiene que sermonear a sus hijos acerca de lo que ellos deberían o no hacer.

Simplemente mostrándoles un buen ejemplo y siendo un buen modelo, usted está ayudándolos a decidir por sí mismos que ganar la aprobación de la persona que más los aprueba, su padre, es más importante que complacer a los amigos. Ellos comenzarán a imitar y copiar su conducta.

La persona realizada, identificada por Abraham Maslow, tiene la cualidad de ser sensible a las opiniones de otros pero sin exagerar. Como muestra de cortesía y afabilidad, la gente que se siente realizada, se interesa en la manera en que los demás se sienten y piensan, pero no toman decisiones basadas en buscar la aprobación de los demás. Si a otra gente le agrada lo que ellos hacen o dejan de hacer, está bien. Pero si a los demás no les gusta, es una pena, más no algo por lo cual preocuparse. Ellos se sostienen en su decisión.

Cuando usted cría hijos con altos niveles de autoestima y autoconfianza, ellos tendrán respeto por las opiniones de otros pero no estarán extremadamente preocupados o influenciados por lo que los demás digan o piensen.

Crear altos niveles de libertad

En el mundo laboral, lo mejor que usted puede hacer como gerente es crear una atmósfera donde su equipo se sienta totalmente libre para discutir, acordar, estar en desacuerdo, argumentar, desaprobar y expresar su opinión clara y abiertamente, sin temor a que usted se vuelva contra ellos y amenace la seguridad de sus trabajos con enojo o desaprobación.

Lo más importante es que este intercambio de ideas abierto, espontáneo y libre, en un ambiente de trabajo positivo y dinámico, conlleva a producir lo mejor de las energías por parte de todos los integrantes del grupo de trabajo. Esta atmósfera genera innovación y creatividad, mejora la toma de decisiones, mantiene a la gente enfocada en las soluciones más que en los problemas y genera un espíritu positivo que causa que la gente disfrute su trabajo y dé lo mejor de sí.

Deje de justificar y racionalizar

Pero la mejor forma de eliminar el temor y generar libertad es que usted deje de justificarse y racionalizar acerca de que alguien sea malo o bueno; deje de culpar a los demás por algún situación específica. Si usted siempre es veloz para criticar y asignar culpas, la gente estará temerosa de compartirle o darle malas noticias.

El hecho es que la vida de negocios es una serie de problemas grandes y pequeños. Como las olas del mar, los problemas no se acaban jamás. Como gerente, el verdadero título de su trabajo es "solucionador de problemas". Desde el momento en que usted empieza a trabajar hasta cuando se va a casa, su actividad primaria es resolver inconvenientes, saltar obstáculos y tomar decisiones. Si no existieran dificultades que resolver, la compañía probablemente no necesitaría de sus servicios.

Aún más, a medida que usted se hace más ágil para resolver conflictos enfocándose en obtener soluciones constantemente, mayor será la cantidad de inconvenientes importantes que le serán asignados para que usted los resuelva. Junto con esos problemas mayores viene un mayor grado de responsabilidad, una posición más alta y además, una mejor entrada económica. Si usted se enfoca más y mejor en las soluciones, mejores y mayores soluciones obtendrá tornándose más creativo. Más positiva y constructiva será su influencia sobre quienes lo rodean. Enfocándose en las soluciones usted pronto se convertirá en una de las personas más importantes de su organización, apta para buscar las mejores soluciones cada vez que algo anda mal. Cuando usted se enfoca en las soluciones deja de criticar y comienza a progresar.

No culpe a los demás

Cuando la gente se equivoque, enfóquese en la solución, en lo que debe hacerse para reparar el daño en lugar de buscar quién lo hizo y a quién hay que culpar. Este enfoque es la marca del líder excelente.

Una de mis áreas de interés es la Historia de la Milicia. El tercer día después de la derrota ocurrida en La Batalla de Gettysburg durante La Guerra Civil, el ejército del General George Pickett fue vencido con muchas bajas, llevándolo a la derrota de la batalla por el Sur. Este fue llamado "el día de mayor valor alcanzado por la Confederación". Desde ese fecha en adelante, el Sur nunca volvió a recuperar sus fuerzas y eventualmente Robert E. Lee rindió el Ejército del Sur al General Ulysses S. Grant en la Corte de Appomattox.

Al final de la lucha de Pickett, como las fuerzas quebrantadas de la Confederación se retiraron del campo de batalla heridas y sangrando, el General Lee se dirigió a saludar al ejército en retirada y les dijo: "Todo esto es mi culpa. Sólo yo soy responsable".

Se cometieron muchos errores en el curso de la batalla más importante que jamás haya tenido lugar en Norteamérica. Pero Lee nunca criticó a ninguno de sus subordinados, sin importar los errores que hubieran cometido. Él siempre aceptó su responsabilidad. Hasta el día de hoy se le recuerda como uno de los generales más destacados de la Historia de América.

Saltando a junio 6 de 1944, después de la invasión marítima más grande de la Historia, y luego de muchas horas de lucha, los aliados arribaron a tierra francesa liderando la rendición y el colapso de Alemania en abril de 1945.

Aprenda la lección de Eisenhower

Después de la invasión, el General Dwight D. Eisenhower, Comandante en Jefe de las Fuerzas Aliadas, les mostró a sus subordinados una nota que escribió para leérsela a la prensa en caso que la invasión aliada perdiera. Decía: "La entrada a tierra ha fracasado y nuestras Fuerzas han sido expulsadas. No hemos tenido éxito en arribar a Francia. Sólo yo soy responsable de todas las decisiones que conllevaron a la invasión".

Dos grandes líderes. Una gran respuesta a una derrota importante y a un fracaso en potencia. En cada caso los comandantes se rehusaron a culpar a alguien por el fracaso ocurrido bajo su comandancia. Ellos aceptaron su responsabilidad y enfocaron su atención y la de los demás en el siguiente paso.

Es interesante que después que Eisenhower se retiró de sus dos períodos como Presidente de Estados Unidos, él y su esposa Bess se trasladaron de Washington a vivir en su finca ubicada en un pedazo de tierra a la orilla del campo de batalla de Gettysburg, no muy lejos de donde Robert E. Lee ordenó la retirada de Pickett y aceptó total responsabilidad de su fracaso 100 años antes.

Acepte 100% de responsabilidad

Este es un descubrimiento interesante. Su mente sólo puede tener un pensamiento a la vez. La Ley de Sustitución dice que es posible remplazar un pensamiento negativo por uno positivo. Puede remplazar uno con el otro. Cada vez que usted afronta una situación negativa, un problema o dificultad de alguna clase, usted tiene la posibilidad de cambiar su negatividad por positivismo en un segundo.

La mejor y más poderosa forma de eliminar emociones negativas de cualquier clase es remplazando mentalmente la situación negativa con la frase "Yo soy responsable".

No es posible admitir responsabilidad y culpar o sentir enojo al mismo tiempo. Uno cancela al otro. Cuando algo sale mal en el área por la cual usted es responsable, recuerde que usted está al mando, es responsable. Inmediatamente usted toma control mental de cualquier situación que ocurre en su vida afirmando y reafirmando de manera enfática la frase "Yo soy responsable".

Construya una organización de alta responsabilidad

Una vez usted ha aceptado responsabilidad de sí mismo y de la situación, anime al resto del equipo a que se responsabilice de sus trabajos —y del resultado. Delegar no es abdicar. Inclusive si usted ha asignado un trabajo a otra persona, usted sigue siendo responsable por el resultado final. Usted está al mando, usted es quien está en la silla del conductor, usted es el líder. No puede apartarse de su responsabilidad culpando a otra gente y enojándose con los demás. Sólo conseguirá demeritar la importancia de su cargo y disminuir la credibilidad en usted, si culpa a otros.

Anime a sus compañeros de trabajo a aceptar la responsabilidad de manera positiva. Anime también a sus hijos. Sea un modelo a seguir sin importar lo que pase, siempre recuérdeles a los demás que usted está al mando ("Yo soy responsable"), y que no habrán señalamientos ni culpabilidades en su organización.

Mantenga a todos informados sobre la solución o lo que debe hacerse de inmediato para resolver el problema o alcanzar la meta. Haga que su equipo piense en términos de las acciones a realizar de inmediato en aras de tener un mejor resultado en el futuro. Cuando todos acepten su parte de responsabilidad, se enfoquen en la solución y piensen en el futuro, cada uno de los integrantes de su equipo trabajará en conjunto, de manera más armónica y a su vez realizarán un mejor trabajo.

Limite el temor en el área de mercadeo

Los temores al fracaso y a la crítica son razones de peso para triunfar o fracasar también en el campo del mercadeo. La razón número uno por la cual la gente no compra un producto o servicio se debe a la percepción de un riesgo. El cliente teme que no obtendrá el beneficio prometido o que no lo disfrutará de la misma manera en que disfruta otros productos o servicios. El cliente tiene miedo de tomar una mala decisión entre varios productos.

El cliente también puede tener miedo de que otros desaprueben su compra. En ventas y mercadeo el temor al rechazo o a la desaprobación son las razones primordiales que determinan si la gente compra o deja de comprar determinado producto o servicio.

En mis años de trabajo en las ventas, nunca dejé de sorprenderme en cuanto a la cantidad de personas que no saben tomar una decisión de compra de cualquier índole hasta que no hayan hablado con alguien —a veces con mucha gente. Con frecuencia los posibles compradores tienen que obtener la aprobación de los miembros de su familia, amigos, equipo de trabajo y familiares. Continuamente dicen: "Déjeme pensarlo" y luego lo piensan una y otra vez.

En la actualidad el mayor trabajo en el área de mercadeo y ventas es primeramente convencer al cliente de que le irá bien con su producto o servicio que con cualquier otro uso que le dé al dinero; luego es cuestión de respaldar su promesa con garantías y otras afirmaciones que alejen el riesgo percibido durante la transacción. Los posibles clientes deben estar convencidos de que han hecho la elección correcta.

Una de las formas más poderosas de publicidad es el uso de testimonios de gentes famosas, las cuales se utilizan para combatir el miedo al rechazo del producto. Con esa clase de testimonios, la gente que es bien reconocida y respetada por el público, habla bien acerca del producto o servicio. Su aval incrementa el gusto del posible cliente por comprar ese producto o servicio porque siente que su decisión de compra será aceptada por otros a quienes también les agrada dicha celebridad.

El éxito en los negocios sólo ocurre cuando usted aleja el temor de la mente y el corazón del posible cliente. Cuando él ha sido conducido al punto en que está completamente tranquilo al negociar con usted, la venta se realiza de forma automática y fácil. Todas las compañías exitosas aprovechan este principio para beneficio propio que es la raíz de toda organización exitosa con ofertas que se destacan en el mercado.

Establezca sus metas sin sentir temor

Una de las preguntas que hacemos en nuestros seminarios es: "¿Qué gran meta se atrevería usted a soñar si supiera que no va a fallar en alcanzarla?". El propósito de ella es hacer que la gente presuponga que no tiene temores hacia el fracaso ni el rechazo y que tiene garantía absoluta de triunfar en todo lo que quiera, sea grande o pequeño. En ese caso, ¿qué gran meta se pondría usted?

A veces planteamos la pregunta de esta manera: "Si usted tuviera $20 millones en el banco y pudiera hacer o dejar de hacer algo en su vida, ¿qué cambios haría?".

Es asombroso lo que ocurre en el pensamiento de las personas cuando escuchan estas preguntas. Inmediatamente empiezan a pensar en todo aquello que quisieran hacer, tener o ser. A medida que piensan en lo que les gustaría hacer si se les garantizara que no van a fallar, se dan cuenta de la enorme influencia que ejerce el temor en sus vidas. Cuando se les pregunta sobre lo que ellas creen que deberían hacer o tener si no tuvieran ninguna clase de temor, frecuentemente ven sus vidas y hacia el futuro de una manera completamente diferente.

Existe dentro de cada uno de nosotros un profundo deseo de satisfacer nuestro potencial y convertirnos en todo aquello de lo que somos capaces. Cuando usted siente que es capaz de ser y hacer mucho más de lo que ha alcanzado hasta hoy, la sensación de "potencial frustrado" se convierte en la mayor causa de emociones negativas como infelicidad y disminución en su rendimiento.

De otra parte, cuando nos sentimos totalmente liberados, listos a alcanzar casi cualquier meta que tengamos en mente, nuestra autoestima se eleva, la autoconfianza mejora y el potencial que tenemos para cumplir nuestros sueños se expande sustancialmente. Es función del gerente propiciar un ambiente donde la gente se sienta así la mayor parte del tiempo.

Su mayor función

Su mayor función como gerente al propiciar un ambiente que genere rendimiento máximo es combatir el temor. La forma de hacerlo es primeramente rehusándose a las críticas hacia su equipo por ningún motivo. Deje en claro que "los errores suceden". Si su personal se equivoca, lo primero que ellos deben hacer es aceptar la parte de responsabilidad que les corresponde; lo segundo es proponer una solución o por lo menos el paso a seguir para arreglar el problema.

Todos deben saber que nadie será criticado, castigado o despedido por cometer errores o estar en desacuerdo con el jefe. De hecho, una de las mejores medidas de un lugar de trabajo con alto desempeño es el grado de libertad que tiene la gente para cuestionar al jefe y estar en desacuerdo con sus ideas o decisiones. A mayor libertad que la gente tenga para hablar y expresarse con claridad, sin temor a la crítica, más positivo y lleno de energía será su lugar de trabajo.

Ejercicios prácticos

1.   Decida hoy eliminar de su vocabulario las críticas destructivas de toda clase. Muérdase la lengua por 21 días hasta que desarrolle hábitos nuevos y constructivos para remplazar a los viejos y negativos.

2.   Cuando se sienta enojado o molesto por algo, dígase inmediatamente y de forma enfática y repetida: "¡Yo soy responsable!" hasta que la emoción negativa desaparezca.

3.   Desvanezca el temor a cometer errores, tenga en cuenta que "el fracaso es sólo una retroalimentación" y que lo único que necesita hacer es minimizar el daño y aprender del error.

4.   Dígales a los demás: "¡Tú puedes hacerlo!". Exprese total confianza en ellos y en que harán un buen trabajo y alcanzarán excelentes resultados.

5.   Niéguese a expresar disgusto o desaprobación cuando su equipo haga algo que usted no esperaba. En cambio, pregúnteles y escuche cuidosamente lo que tienen para decirle.

6.   Sea un modelo de comportamiento para su personal. Como dijo Gandhi: "Sea el cambio que usted quiere ver en el mundo".

7.   Promueva la apertura, la honestidad y el desacuerdo en su grupo de trabajo; haga que se sientan libres para hablar ampliamente acerca de lo que tienen en mente.

Desarrolle ese sentimiento de victoria

"Conserve su visión y sus sueños
…como si fueran la niña de sus ojos,
…la huella de sus máximos triunfos".

—Napoleón Hill

Debido a la inmensa necesidad de autoestima y realización personal, cada persona tiene la necesidad profunda de rendir al máximo, triunfar, obtener resultados y sentirse valorada y efectiva. En pocas palabras, casi todo individuo quiere sentirse "ganador". Es obvio que muchos quieren suplir sus necesidades de dependencia siendo parte del equipo de una organización. Pero al mismo tiempo quieren satisfacer aún más sus necesidades de autonomía e independencia alcanzando resultados de los cuales sean personalmente conscientes y responsables. Las personas quieren pertenecer al equipo ganador pero también quieren ser vistas como ganadoras por sus propios méritos.

El sentimiento del ganador

¿Cómo llega una persona a sentirse ganadora? Sencillo: ¡Ganando! Es sólo cuando alguien gana que realmente experimenta ese gozo y satisfacción de sentirse ganador. Su función como gerente es estructurar el trabajo de tal forma que la gente se sienta ganadora la mayor parte del tiempo.

Lo opuesto de ganar es *perder*. La gente se siente como perdedora cuando sienten que no están progresando, ni satisfaciendo a sus superiores, ni haciendo bien su trabajo, ni siendo tenidos en cuenta ni respetados por sus compañeros de trabajo, o cuando no reciben retroalimentación de su desempeño laboral. En todos y cada uno de estos casos, las personas pierden su motivación y entusiasmo por hacer su mejor trabajo de la mejor manera posible.

Las emociones son propias del ser humano. Usted siempre *siente algo*. Si no se siente positivo como ganador se sentirá negativo como perdedor. Los miembros de su equipo experimentarán una emoción o la otra. Su función es asegurarse que la emoción predominante sea de éxito, de ganadores, de estar haciendo una contribución importante.

Para que un individuo se sienta ganador primero debe cruzar la línea del triunfo. Los gerentes ágiles siempre están creando líneas de triunfo, tanto para los miembros de su equipo en forma individual como para el grupo en sí. Ellos diseñan esas líneas de triunfo de tal manera que sus colaboradores siempre estén cruzándolas y venciendo. Además se preocupan por producir numerosas oportunidades para que el equipo se sienta vencedor.

Hacer parte del "Club del 100%"

Cuando yo trabajaba como conferencista para IBM, los ejecutivos de la organización me contaron cómo estructuraban sus premios para el equipo de ventas. Al inicio de cada año acordaban cuotas de ventas para cada vendedor basados en su experiencia personal, habilidad, territorio y cantidad de ventas hechas durante el año anterior.

Esto le daba a cada vendedor la oportunidad de cumplir sus cuotas, inclusive si los otros vendedores tenían mayores o menores cuotas que la suya.

IBM estructuraba cuidadosamente tales cuotas para que el 70% del personal de ventas pudiera alcanzarlas si trabajaba duro y seguía su plan. Obvio que tendrían que esforzarse y dar más que el esfuerzo promedio, pero las cuotas de ventas eran alcanzables.

Como resultado, 70% del equipo de ventas alcanzaba las cuotas. En reconocimiento a ese logro, se convertían en miembros del "Club del 100%". Recibían distintivos para la solapa que podían usar durante todo el año, eran enviados a vacaciones especiales, recibían bonos y eran elogiados por sus superiores por su valiosa contribución en el movimiento de las ventas de la empresa durante el transcurso del año.

Al mismo tiempo, cerca del 30% de la gente de ventas no cumplía su cuota. A ellos se les animaba a obtener entrenamiento adicional, trabajar más inteligente y eficientemente, incrementar los niveles de sus actividades para hacer ventas y se les aseguraba que al hacer todo esto muy probablemente cumplirían la cuota en el siguiente año.

Una dinámica positiva

La dinámica adoptada por la compañía hizo de IBM una de las mejores organizaciones de ventas alrededor del mundo. Primero, el 70% del equipo de ventas se sentía *ganador* cuando cada uno alcanzaba su cuota; además se mantenían sintiéndose así durante los meses del siguiente año, disfrutaban de ese sentimiento y como resultado, trabajaban más duro durante el próximo año para asegurarse de alcanzar y sobrepasar la cuota nuevamente. Les agradaba ser miembros del "Club del 100%". Se sentían complacidos con el respeto y estima adicionales que recibían de sus compañeros de trabajo. Se motivaban a repetir su desempeño anterior y a ganar una y otra vez.

El 30% del equipo de ventas que no lograba la cuota, pero en muchos casos se acercaba a ella bastante, era todavía más motivado a alcanzar sus cifras el siguiente año. Ellos también querían sentirse ganadores, también deseaban los premios especiales y todo lo que correspondía al "Club del 100%". Como resultado, eran intencionalmente motivados y dirigidos a trabajar aún más duro y de manera más sabia el año entrante. Esta competencia sana entre el equipo de ventas era tan poderosa que IBM eventualmente alcanzó el punto en los años de 1980 en el cual estaba vendiendo el 80% de los computadores del mundo entero.

Estrategia equivocada

Otra compañía con la cual trabajé decidió emular el modelo de IBM. Ellos crearon su propio "Club del 100%", sólo que los líderes de la empresa lo hicieron diferente. En lugar de acordar las cuotas para que el 70% del equipo de ventas pudiera alcanzarlas y disfrutar de los premios y reconocimientos de los ganadores, ellos decidieron que la meta fuera más difícil de alcanzar. Por lo tanto lograron que sólo el 30% del equipo de ventas, los más trabajadores, expertos y altamente motivados, pudieran alcanzar las cifras esperadas.

Al final del año congratularon solamente al 30% que había alcanzado sus metas y animaron al resto del equipo de ventas a trabajar todavía más duro en siguiente año para poder pertenecer al grupo selecto. Pero este sistema de incentivos tuvo un efecto *opuesto*. En vez de que el 70% del equipo de ventas fuera apto para recibir sus premios y sentirse como ganador, esta compañía dispuso de un sistema que logró que el 70% de su equipo de ventas se sintiera como *perdedor* durante gran parte del año. La empresa, no solamente dejó de incrementar sus ventas el siguiente año, sino que estas decayeron y mucha gente competente renunció para irse a trabajar para otras organizaciones donde sus resultados de ventas fueran mayormente apreciados y gratificados.

Una de las cosas más importantes que usted debe hacer como gerente es organizar el trabajo, los incentivos, reconocimientos, bonos y premios de tal manera que la mayoría de su personal alcance y sobrepase sus objetivos. Como el profesor que prepara un día de actividades a campo abierto en una escuela primaria, usted necesita estructurar el trabajo y el sistema de incentivos para que casi todos los integrantes de su equipo ganen un premio de alguna clase.

Espere lo mejor

En un estudio de varios años acerca de los métodos más efectivos para motivar al personal empresarial, los encargados de recursos humanos involucrados en los lugares de trabajo analizados llegaron a la conclusión de que el motivador más poderoso de todos está directamente relacionado con las "expectativas positivas" que se tengan del equipo de trabajo y los individuos que lo conforman. Cuanto más perspectivas interesantes tenga el gerente acerca de los talentos y las habilidades de su equipo, y cuanto mayor sea la cantidad de colaboradores que esperan confiadamente ser capaces de hacer el trabajo de forma eficiente y en el tiempo adecuado, más positivos y motivados estarán ellos para desempeñarse al máximo de rendimiento.

Lo que se encontró en el estudio es que un mayor número de personas quiere hacer un buen trabajo. Lo que necesitan más que cualquier otra cosa es de liderazgo, guía y coraje para hacer posible el logro de las metas del equipo entero. Esa es su función como gerente. Ellos necesitan trabajar en un clima de expectativas claras y positivas sabiendo exactamente qué quiere usted como líder, cuándo lo quiere y con qué estándar de calidad y cuál método. Es su función proveerlos con muy buen ambiente laboral.

Preparando ganadores

Permítame contarle una historia. Cuando mi esposa y yo tuvimos nuestros cuatro hijos, estudiamos exhaustivamente sobre cómo criarlos y atrevernos a ser padres excelentes. Estoy seguro que todos los padres se sienten de la misma forma cuando tienen a su primer hijo. Leímos los libros y artículos, asistimos a cursos y conferencias y nos involucramos en las minucias de educar hijos felices, saludables y confiados en sí mismos.

Pronto conocimos la propuesta educativa de María Montessori, la profesora italiana que desarrolló el que ahora se conoce como Método Montessori. Como maestra ella desarrolló una serie de puntos de vista profundos acerca de cómo los niños realmente aprenden y se desarrollan en la mejor y más rápida forma posible. Luego ella experimentó durante años desarrollando su metodología y finalmente la formalizó para que otros maestros que estuvieran de acuerdo con la Escuela Montessori pudieran multiplicarla por todo el mundo.

Luego de hacer nuestra investigación acerca de dicho método, nos interesamos. Aprendimos cómo encontrar con precisión una "verdadera" Escuela Montessori y así lo hicimos. Tan pronto como nuestra hija Cristina tuvo tres años comenzaron sus tres años de aprendizaje bajo este sistema.

El proceso de formar ganadores

Esta es la forma en que funciona: día tras día deje a su niño en la escuela. Los profesores saludan a todos los niños por sus nombres a medida que van llegando, estrechan sus manos y los tratan como damitas y caballeritos. Siempre son corteses y respetuosos hacia los niños.

Luego se inician las clases dependiendo de las distintas edades y nivel de desarrollo. Allí se les enseña a los chicos inmediatamente a tomar un lugar en *la línea*, la cual de hecho es un gran círculo dibujado en la mitad del salón con espacio suficiente para que cada niño se siente confortablemente. La clase en sí misma y las actividades comienzan y terminan durante toda la jornada escolar retornando siempre a sentarse en el círculo antes de levantarse para continuar en el siguiente ejercicio.

Basados en la edad y la experiencia los niños reciben tareas para ejecutar. En Montessori esto se conoce como "el trabajo". Se anima a los niños a ver cada ejercicio como importante. Puede ser colorear, dibujar con brochas, armar y desarmar rompecabezas, arte creativo o cualquier otra actividad. En cada caso hay un comienzo, un intermedio y un final.

El maestro como guía

El trabajo del maestro es guiar a los niños hacia el inicio y la finalización de cada tarea. Al final del ejercicio, el cual es siempre acorde con la edad y las habilidades propias de cada uno, los niños retornan al círculo uno por uno, discuten acerca de lo que hicieron y reciben una retroalimentación positiva del maestro. Luego se embarcan en el siguiente ejercicio.

Para el estudiante, completar los ejercicios Montessori es como subir una escalera en espiral. En el transcurso de los tres años los ejercicios se vuelven más complejos y difíciles, cada uno de acuerdo al crecimiento del niño. Al final de los tres años básicos, los niños de Montessori leen, escriben, hacen operaciones matemáticas, operan un computador, tocan un instrumento musical, hablan algo de un idioma extranjero, saben suficiente Geografía como para reconocer varios estados y países del mundo, además de tener conocimientos en algunas otras áreas.

Crear ese sentimiento de ganador

Lo que es más impactante es que debido a esos tres años, los niños han estado comenzando, trabajando y completando tareas cada vez más difíciles. Al final de cada trabajo terminado reciben cumplidos y ánimo de parte de su profesor. Esto les hace sentirse como ganadores. El profesor les dice constantemente a sus estudiantes cómo les está yendo. No hay que pasar ni perder una materia. No hay perdedores. Todos los niños ganan una y otra vez, día tras día, semana tras semana, mes tras mes, durante tres años.

¿Puede imaginarse cómo empiezan a sentirse los niños y cómo emergen de la experiencia Montessori? La respuesta es: ¡Extraordinariamente! Han desarrollado altos niveles de autoestima y autoconfianza, se sienten orgullosos de sí mismos, son responsables y sienten gran respeto por sí mismos, tienen una autoimagen positiva, se quieren a sí mismos y a los demás; se sienten empoderados y capaces de hacer cualquier cosa que decidan; en los años esenciales para su formación han aprendido repetidamente, por diseño, que son seres humanos competentes, capaces y absolutamente excelentes.

Una vez íbamos caminando por un centro comercial con nuestros hijos y ellos estaban conversando muy alegremente, correteando por todas partes, mirando distintas cosas que estaban a la venta y haciendo preguntas; entonces una mujer nos detuvo para preguntarnos: "¿Ellos son niños Montessori?".

Fue en ese momento que nos dimos cuenta que habíamos logrado algo bastante importante con nuestros hijos. Con el refuerzo constante en la escuela, combinado con el ánimo que les dábamos en casa, nuestros hijos habían comenzado su vida sintiéndose ganadores desde pequeñitos. Todavía siguen actuando así actualmente.

Cinco pasos para ganar

Existen cinco ingredientes en la receta de desarrollar ese espíritu de ganador. Cuando usted estructura individuos y equipos alrededor de esos cinco ingredientes, generará una fuente continua de energía y entusiasmo hacia la excelencia y el desarrollo personal.

Primer paso: metas claras

Usted ha escuchado decir que "es imposible darle a un blanco que no se ve". Significa que "si usted no sabe hacia dónde se dirige, cualquier camino le sirve".

Se requieren metas claras, específicas, planeadas, con un cronograma a seguir. De esta manera se crea un ambiente en el que la gente gane y se sienta ganadora. La regla 10/90 en el diseño de metas dice que el primer 10% del tiempo que usted emplea trabajando en tener absoluta claridad acerca de lo que necesita hacer le ahorrará el 90% de la totalidad del tiempo que empleará para ejecutar su plan. Además le ahorrará el 90% de los errores, costos y pérdida del tiempo de otra gente involucrada en su plan.

Tanto en los planes personales como de negocios, usted debería usar el modelo SMART (inteligente) para diseñar metas. SMART es la unión de los siguientes ingredientes:

S= Específico (*Specific* en inglés)

M= Medible

A= Alcanzable

R= Realista

T= Tiempo programado

Una meta SMART es *específica*. Debe ser perfectamente clara para todos los que están involucrados en ella. La meta tiene que ser clara y sin ambigüedades. La mayoría de los problemas que tiene la gente para alcanzar sus metas surge a partir de la falta de claridad desde el primer momento en que se empieza a diseñarlas.

Una meta SMART es *medible* y debe definirse en términos numéricos o financieros. Debe dividirse en pasos, cada uno de los cuales también es necesario medir. Mientras más clara sea la forma de medir las metas a largo y corto plazo, más fácil es enfocarse y concentrarse en cumplir lo planeado. De esa manera cualquiera está en la capacidad de evaluar qué tan cerca está de alcanzar su meta.

Una meta SMART es *alcanzable*. Debe ser realizable a pesar de la carrera contra tiempo, dinero, medio ambiente, economía, habilidades y destrezas de los miembros del equipo y de cualquier otro contratiempo que exista tanto afuera como dentro de la compañía.

La meta de "doblar nuestras ventas" no es exactamente una meta. Pero una meta planteada como: "Incrementaremos nuestras ventas el 7% mensual, aproximadamente el 2% semanal, durante los siguientes 12 meses", es un propósito específico, medible y alcanzable que nos llevará a incrementar el 100% en las ventas a lo largo de los próximos 12 meses.

Una meta SMART es *realista*. Está dentro de los límites de la realidad y es algo sobre lo cual la gente está en capacidad de desarrollar un alto nivel de confianza porque es realizable. Muchas metas son meramente "aspiraciones" porque no reflejan la realidad. Son más deseos y esperanzas que metas reales.

Finalmente, una meta SMART debe estar enmarcada dentro de unos términos de tiempo. Cuando usted tiene un cronograma específico para el logro de unas metas parciales o totales, junto con el plan para cumplir las tareas a realizar para alcanzar tales metas, es mucho más fácil obtenerlas dentro de el horario establecido.

Imperios fuertes se han ido a pique y muchas organizaciones han llegado a la bancarrota debido a metas que probablemente fueron claras para los altos mandos, pero que nunca fueron totalmente entendidas por quienes estaban encargados de ejecutarlas.

Segundo paso: medidas concretas

Para que una persona gane una carrera necesita saber dónde está la línea de llegada. Tiene que saber en qué exactamente consiste ganar y lo que tiene que hacer para completar la tarea y cruzar la meta. Una maratón consta de 26.2 millas, una distancia casi arrasadora para un corredor. Pero afortunadamente los organizadores de la carrera tienen postes o marcadores en cada milla, y a veces cada media milla, así los participantes tienen cómo medir el progreso en tramos y tiempos cortos. Si logran observar sus incrementos a corto plazo frecuentemente, les será más fácil alcanzar incrementos mayores y sentirse ganadores. Lo mismo ocurre en el trabajo. Cada vez que los miembros del equipo alcanzan una "minimeta" se sienten como "miniganadores".

Gerencia por objetivos. En las organizaciones de ventas solía ser frecuente amontonar premios sobre los vendedores que lograran negocios inmensos sobre los que dependían los ingresos y crecimiento de la empresa. Pero frecuentemente esos grandes negocios tomaban tanto como un año entero o más para cerrarse. Durante el trascurso del negocio el vendedor era privado del sentimiento de ser ganador.

En la actualidad las organizaciones de ventas han dividido el proceso mismo de la venta en objetivos. El primero de ellos es identificar al prospecto del cliente ideal; el segundo es recolectar información; el tercero consiste en conseguir una cita con la persona encargada de la toma de decisiones; el cuarto es identificar la necesidad que tiene el cliente a la cual los productos o servicios de la compañía le aportarían la solución; el quinto puede ser preparar una presentación y así sucesivamente.

En las organizaciones de altos niveles de ventas este proceso es conocido como "Gestión por objetivos". Cada semana el gerente de ventas revisa la cantidad de prospectos que están en las distintas etapas del proceso de venta. Basado en su experiencia, él sabe cuántos de esos prospectos se convertirán en clientes y el promedio de la compra que ellos harán.

Con esa información el gerente tiene forma de hacer una proyección adecuada de las ventas mensuales, trimestrales y semestrales cada año. Este proceso le permite a la organización monitorear los objetivos y mantener a su personal enfocado en hacer una cosa a la vez. Más importante que nada es que al enfocarse en estas etapas el vendedor obtiene el sentimiento de ganador en el cumplimiento del objetivo de cada venta. El cierre del negocio es sencillamente el cumplimiento del objetivo final durante el cual todo el proceso de ganar se completa.

Cuando usted le asigne a su equipo un gran proyecto con tareas que posiblemente toman muchos meses para realizarse, asegúrese de diseñar una serie de marcas específicas a corto plazo para que los miembros tengan objetivos por cumplir también dentro de plazos cortos que les generen continuamente el sentimiento de ganadores.

Tercer paso: la experiencia del éxito

Para que una persona se sienta ganadora debe *tener éxito* en el cumplimiento de su objetivo, necesita alcanzar la meta, debe cumplir con su responsabilidad y obtener el resultado que le fue asignado. Debe ganar realmente.

Es función del gerente ayudar a cada persona a tener experiencias ganadoras. Si alguien ha sido asignado a un trabajo que es demasiado para él, la función del gerente es ajustar ese trabajo, asignar parte de este a alguien más y hacerlo manejable para la persona a la cual se le asignó inicialmente. El enfoque debe estar siempre en asegurarse que cualquiera que sea la labor asignada a cada trabajador, tarde o temprano este sea capaz de realizarla exitosamente.

Cuando usted comienza con un nuevo integrante de la compañía, una de las mejores motivaciones es darle una serie de trabajos pequeños que sean claramente realizables según su experiencia y habilidad. Así como en la Escuelas Montessori, el inicio y cierre de trabajos cortos construye una estabilidad emocional que genera autoestima e incrementa la confianza y la habilidad del individuo para completar tareas más complejas.

Cuarto paso: reconocimiento por la meta cumplida

Todo mundo necesita reconocimiento por sus logros individuales de parte de la gente que le rodea, especialmente de sus superiores. Cada vez que los miembros de su equipo están motivados, esa motivación es la anticipación previa al reconocimiento que ellos recibirán por completar la labor que les está produciendo esa motivación que los está llevando a andar "la milla extra". Como lo expliqué en capítulos anteriores, el reconocimiento positivo de una meta eleva la autoestima, incrementa la autoimagen y motiva a la gente a ser cada vez mejor en el futuro.

Paso quinto: recompensas tangibles e intangibles

Esto es inevitable. Usted puede mantenerse ofreciendo premios y reconocimientos por el cumplimiento de metas durante algún tiempo. Pero llega el momento en que usted debe otorgar alguna clase de reconocimiento mayor por resultados superiores. Si no existen incentivos reales para estimular los esfuerzos extras, la gente pierde el entusiasmo y concluyen mentalmente: "¿Para qué hago esto? Inclusive si me esfuerzo más y hago un mejor trabajo, no recibo nada más que aquellos que no se esfuerzan como yo".

Sin embargo existen varias clases de premios: tangibles o intangibles. Un premio tangible es monetario o material de alguna forma, como por ejemplo un portafolio o un bono para comprar algo. También puede ser un incremento salarial. Estos incentivos son las mejores motivaciones en el campo laboral y tienen el efecto de producir mayor rendimiento en los miembros de su equipo.

Una buena lección. Cuando yo era un joven gerente administrando mi propio negocio, cada vez que alguien realizaba un gran trabajo en algún proyecto en particular, yo le hacía un incremento salarial. Esta práctica pronto funcionó en mi contra. La siguiente vez que alguien hacía un buen trabajo, el cual de todas formas era parte de sus funciones, mi empleado quería otro aumento. Y peor que eso, los otros también querían aumentos cuando hacían lo que era su obligación. Pronto los costos de mi nómina se salieron fuera de control.

Así aprendí que los mejores premios financieros son bonos específicos relacionados con tareas concretas. La bonificación debe ser esporádica y no un incremento permanente que tenga que incluirse mes tras mes. Los premios a corto plazo y los bonos sólo deben ser tan motivantes como los incrementos a largo plazo.

Premios distintos a dinero. Las recompensas también pueden ser intangibles. Algo tan simple como una invitación a almorzar para celebrar el logro obtenido. Puede ser un escritorio mejor ubicado o una oficina más grande, una silla o un computador nuevos.

Otra recompensa intangible es tiempo libre. Cuando los miembros de mi equipo están haciendo un gran trabajo en algún proyecto les digo por adelantado que no tienen que venir a trabajar el viernes. Siempre les doy tiempo para planear su día libre por adelantado en lugar de decírselo en el último minuto.

Esto es lo que ocurre: cuando usted le da a la gente el día libre como un incentivo, ellos harán todo su trabajo antes de irse y se adelantarán rápidamente el día que regresen. Usted no perderá productividad porque la recompensa para usted y su compañía es un equipo o persona más motivados a ganar más días libres, sin costo financiero extra para usted.

Otro premio intangible es entrenamiento adicional. Muchas compañías envían a sus mejores miembros a entrenamientos de dos y tres días dentro de la misma ciudad o fuera de ella. Esto tiene un doble beneficio porque el empleado aprende a ser más competente mediante el entrenamiento aprendiendo a planear y alcanzar metas más altas para el futuro. La compañía forma un empleado que es capaz de contribuir con mayor conocimiento. Es un trato de "ganar-ganar" para las dos partes.

Existen muchas maneras de premiar a la gente —tangible e intangiblemente— por el cumplimiento de metas que están más allá y por encima de lo que el deber exige. Algunos gerentes utilizan pequeñas cantidades de dinero para gratificar ciertas metas e inclusive sugerencias e ideas por parte de su personal. Otros envían flores a la esposa de la persona que ha cumplido con algo muy importante. También se acostumbra regalar boletos para algún evento deportivo o cultural, o para ir al cine o a una cena a un buen restaurante. Los premios que usted da para animar a su equipo a alcanzar alto desempeño y hacer que se sientan ganadores, son limitados únicamente por su imaginación.

Delegar produce éxitos

La gente necesita alcanzar metas medibles, ser reconocida y premiada por sus logros para sentirse ganadora. Si usted les da a sus colaboradores responsabilidades y autonomía en abundancia para alcanzar las metas propuestas, el éxito que ellos obtengan tendrá mayor valor para ellos. Una cosa es ser exitoso por desarrollar algo en lo que usted ha recibido hasta la más mínima instrucción de parte de su jefe. Otra cosa es conseguir exitosamente una meta por medio de un plan que usted mismo ha diseñado e implementado bajo total responsabilidad y autonomía.

En eso consiste delegar. Es la forma de maximizar el potencial de su personal. Cuando usted delega grandes responsabilidades en sus empleados, más ágiles y capaces se vuelven, mayor es su autoconfianza y autoeficacia, como mayor es el aprecio que ellos sienten por su empresa.

El punto de inicio para comenzar a delegar es que usted empiece a planear previamente qué es lo que va a asignar. Piense en todo lo que es necesario que ellos hagan y cuál sería el resultado ideal.

Marque estándares de desempeño para realizar el trabajo y haga que las tareas sean medibles y dentro de unos términos de tiempo. ¿Cómo sabrá usted que el trabajo ha sido completado excelentemente? Si pudiera utilizar una varita mágica y producir un trabajo perfecto, ¿Cómo luciría?

Determine un cronograma y una fecha límite de entrega. ¿Cuándo lo *quiere* terminado? ¿Cuándo lo *necesita* terminado? ¿Cuándo *debe* estar terminado?

Seleccione la persona indicada para realizar el trabajo

Una vez que haya pensado claramente acerca del trabajo a realizar, usted debe buscar e identificar la persona indicada para ejecutarlo. El nivel de experiencia de los miembros de su equipo determinará el método de selección.

Una persona recién ingresada o una experta en otro campo o asignación tienen *un nivel de experiencia bajo*. En este caso, ellos requieren dirección gerencial. Es necesario mostrarles cómo hacer el trabajo y supervisarlos paso a paso para asegurarse que lo hagan a tiempo y de la manera más adecuada. Nunca delegue una tarea importante a una persona inexperta en el tema.

La segunda clase de persona es aquella que tiene *mediana experiencia* y habilidad comprobada para hacer el trabajo. Con esta clase de personas usted va a necesitar un enfoque de dirección por objetivos. Discuta y haga acuerdos concisos sobre la meta a alcanzar y las tareas necesarias para lograrla. Hasta puede expresar su preferencia sobre el método en que quiere que se realice el trabajo. Luego, deje al individuo en libertad de realizar su labor.

La tercera clase de persona es aquella que cuenta con *alta experiencia*. Ella ha demostrado ser competente en su trabajo y probablemente es mejor para ejecutarlo que usted. En ese caso su método de delegación consiste en una interacción fácil y conversar para discutir y acordar con esa persona acerca de exactamente qué se requiere hacer de su parte para facilitarle el desarrollo del trabajo asignado. Luego usted se hace a un lado y deja que su colaborador comience a trabajar libremente.

El proceso de delegar con efectividad

Existen siete pasos para delegar efectivamente. Cuando usted los sigue en orden y delega la meta efectivamente, usted provee las condiciones óptimas para que su colaborador actúe con diligencia, triunfe y se sienta ganador.

1. *Seleccione desde el comienzo la persona indicada*. Combine los requerimientos del trabajo con el perfil de su elegido. Dicha selección determina el 80% o más de su éxito para

obtener un trabajo de excelente calidad, a tiempo y con el presupuesto asignado.

2. *Delegue todo el trabajo.* Tener el 100% de responsabilidad en la realización de un trabajo es la mejor motivación para ejecutarlo.

3. *Delegue resultados específicos.* Hágalos medibles. Lo que se puede medir, se puede realizar.

4. *Delegue mediante acuerdos y participación.* Existe una relación directa entre qué tanto discute una persona con usted acerca del trabajo asignado antes de empezarlo y el grado de compromiso que ella tendrá realizándolo adecuadamente. Explique y haga acuerdos suficientes acerca de qué hay que hacer y por qué.

He aquí un hecho importante. La gente es *visual* o *auditiva*. La gente visual necesita ver las cosas por escrito. Los que son auditivos entienden mejor cuando los acuerdos se discuten verbalmente. Para asegurarse, utilice las dos modalidades cuando delegue un trabajo en particular. Haga que su colaborador escriba a medida que vayan discutiendo y haciendo acuerdos sobre el trabajo. Al final de la reunión pídale que le repita en qué consiste la asignación y cómo la va a realizar.

Como dueño y gerente joven de mi negocio, siempre asignaba una meta utilizando discusiones y acuerdos para estar confiado en que el trabajo sería realizado como fue acordado y a tiempo. Con frecuencia me frustraba al darme cuenta que los empleados no habían hecho el trabajo que pedí o que no lo habían hecho conforme a lo que hablamos. De hecho, desde el comienzo ellos malentendían por completo lo que yo estaba requiriendo. De ahí en adelante comencé a solicitar que los miembros del equipo me presentaran reportes de lo que estuviéramos trabajando. Usted debería hacer lo mismo.

5. *Defina fechas claras para entregar las tareas y alcanzar la meta final.* No deje este aspecto sin definir. Si es una tarea larga, defina fechas de entrega de tareas cortas para cumplir la tarea final, por ejemplo, al terminar cada semana. Si es una tarea que tomará una semana pida un reporte diario. Controle de cerca el uso del tiempo y así se asegurará de tener el trabajo a tiempo.

6. *Delegue autoridad sobre los recursos necesarios para hacer el trabajo.* Dele a su colaborador elegido el tiempo, el capital, la asistencia del equipo de trabajo y los recursos que sean necesarios. Sea lo suficientemente claro y específico, especialmente en lo relacionado a la cantidad de tiempo disponible, tanto del encargado como del equipo asignado. Sea conciso acerca del presupuesto. No dé nada por hecho.

7. *Una vez que haya delegado el trabajo, deje solo a su colaborador elegido.* No dañe los resultados interfiriendo ni ofreciéndose a hacer parte del trabajo.

En un artículo clásico de *Harvard Business Review* titulado "Management Time: Who´s Got the Monkey?". William Oncken describe la tendencia de los gerentes a recargarse con la cantidad de trabajos que han delegado a otros. Resalta el hecho de que los empleados son maestros en reversar lo que se les ha delegado. En algún momento del proceso vuelven al gerente y le preguntan si él puede ayudarles de alguna manera, tal vez consiguiendo algún tipo de información o haciendo una llamada telefónica. El gerente, tratando de ser una buena persona, decide colaborar con una parte del trabajo.

Pero mire lo que ocurre. La persona responsable de dar el siguiente paso ahora es dueña del trabajo. El mono está ahora en sus espaldas. El empleado ya no puede continuar con sus funciones porque tiene que esperar hasta que el gerente haya dado el siguiente paso para él poder continuar con su tarea.

En menos de nada el subordinado se convierte en el gerente y el gerente en el subordinado. El subordinado pasa por la oficina del gerente y le dice: "¿Cómo va con la tarea que me prometió?".

Le aconsejo que ahora en adelante cuando un empleado venga a pedirle ayuda, mantenga sus manos quietas, rehúsese a recibir ni a tocar lo que quieren darle. Si el empleado quiere su consejo, devuélvale la pregunta: "¿Qué cree *usted* que debería hacerse en este caso?". Cualquiera que sea la respuesta, esté de acuerdo y anime a la persona a ejecutar esa propuesta. Con este enfoque los empleados aprenden lo suficientemente rápido. Desde su cargo de gerente, no reciba el trabajo una vez que ya lo ha delegado.

Administración por excepción

Una buena forma de maximizar los resultados eficientes de delegar es practicar "la administración por excepción". Con este método se pueden planear metas claras, estándares y cronogramas. De esa manera usted pide reportes únicamente si se presentan excepciones o desviaciones con respecto al plan inicial. Cuando sus colaboradores se encuentran desarrollando su trabajo de acuerdo al cronograma, ellos no necesitan reportarse con usted. Deben hacerlo sólo si existe un problema que requiere de su ayuda o consejo.

Administración participativa

Una de las características de un ambiente de trabajo productivo es que la gente se siente en "terreno conocido". Tienen sentido de pertenencia, están conectados a todo lo que ocurre dentro de la organización. Son informados constantemente y están al tanto de los movimientos empresariales y de cómo estos podrían afectar sus circunstancias laborales.

La administración participativa es la forma en que usted logra conectar completamente a su equipo de trabajo para que ellos sientan que cada meta alcanzada de la empresa es un logro personal que también hace parte de cada uno de sus colaboradores. La gente tiene necesidades de independencia, de dependencia e interdependencia. La administración participativa satisface la profunda necesidad de interdependencia. Hace que la gente se sienta como parte de la organización, como si ellos fueran propietarios del éxito de la empresa. Sin embargo, con este enfoque de trabajo usted debe tomarse el tiempo para explicar todo lo que está ocurriendo dentro de la empresa y para invitar a su equipo a hacer preguntas tanto individuales como a nivel de equipo en los comités, relacionadas con los cambios y alcances que están teniendo lugar en el campo de trabajo.

Ánimo constante

Comparta continuamente sus expectativas con su equipo de trabajo. Expréseles que usted tiene confianza absoluta en la labor que ellos realizan y en las funciones que les han sido asignadas.

Deles apoyo constante; dígales lo bien que van; muéstreles su aprecio y aprobación; congratúlelos frecuentemente cuando vea que están haciendo bien su labor; cada vez que usted vea que sus empleados están haciendo algo positivo, menciónelo y muestre su aprecio y elogios por lo que ellos están llevando a cabo.

Quizás la mayor contribución que usted puede hacerle a su empresa es animar a su personal para que cada uno de ellos se sienta como ganador la mayoría de tiempo posible. Si usted quiere tener ganadores, debe encargarse de producir las condiciones en las cuales ellos ganen; además necesita planear metas, estándares y fechas de cumplimiento que les ayude a cruzar la línea de la meta final que lleva al éxito. Y finalmente, refuérceles sus triunfos con elogios, reconocimientos y premios.

Cuando usted hace que la gente se sienta ganadora, está propiciando una atmósfera de trabajo de alto rendimiento llena de individuos que harán lo mejor que les sea posible en beneficio de su empresa y en respuesta a usted.

____

Ejercicios prácticos

1. Haga que sus colaboradores se sientan como ganadores al propiciarles las condiciones en las cuales ellos ganen diariamente en todas sus labores.

2. Describa claramente cada trabajo y haga que ellos le describan en sus propios términos lo que usted les pidió que hicieran.

3. Planee una manera de medir el cumplimiento de las metas propuestas y de las etapas que se requieren para llegar a cumplirlas. Asegúrese que sean claras para todos.

4. Busque formas de reconocer y premiar los comportamientos excelentes cada vez que ocurran.

5. Bríndele a su equipo los recursos necesarios para trabajar con excelencia.

6. Retroalimente. La gente necesita saber constantemente cómo va en su desempeño laboral.

7. Haga reuniones de personal semanalmente para planear la agenda de cada miembro del equipo y del grupo como tal. Permita que todos compartan lo que están alcanzando, así como los problemas y las metas por cumplir.

CAPÍTULO SIETE

Elija la gente adecuada

"El mejor gerente es aquel que tiene la visión necesaria para escoger al personal adecuado para ejecutar lo que él considera necesario. Es aquel con autocontrol suficiente para no entrometerse cuando ellos trabajan para lograr su meta".

—Theodore Roosevelt

Toda su enorme labor y esfuerzo para construir autoestima y autoimagen en su equipo de trabajo, según se describe en los anteriores capítulos, no le servirán para alcanzar sus metas como gerente y líder, si desde el comienzo el personal que usted elije no es el indicado para su organización.

Su función no es encontrar individuos y transformarlos en algo que ellos todavía no son. Su función es encontrar la gente que ya está lista para hacer su trabajo y crear una atmósfera en la que ellos se desempeñen con excelencia en beneficio suyo y en el de su negocio.

Su habilidad al seleccionar la gente adecuada para conformar su equipo representa el 95% de su éxito como gerente o dueño de su negocio. Es sorprendente como muchos líderes contratan gente inadecuada para realizar el trabajo y luego intentan hacerla funcionar causando enorme frustración y disgusto para todos los involucrados.

En su libro *Good to Great*, Jim Collins se ha hecho famoso al decir: "Suba a su bus a la gente adecuada y baje a la que no funcione. Después ubique a la gente apropiada en los puestos del bus que más le convengan". Esa, dice él, es una de las siete claves para tener éxito en los negocios.

Todo empieza y termina teniendo la gente apropiada en la función apropiada en el tiempo apropiado. Una persona difícil o de rendimiento deficiente puede sabotear el desempeño de todo el equipo. El capítulo anterior se refirió a cómo crear una visión interesante para su negocio, especialmente para la clase de gente con la cual usted quiere trabajar. En este capítulo quiero compartirle algunas ideas que le ayuden a tomar mejores decisiones en el momento de contratar personal a lo largo de su carrera.

Peter Drucker dijo que "con el tiempo la mayoría de las decisiones para contratar personal no funcionan". Parece que cerca de la tercera parte de la gente que usted contrata será excelente para realizar el trabajo para el que se designó. Pero otra tercera parte tendrá un rendimiento promedio y la tercera parte restante será completamente inaceptable. Su función como líder es mejorar esas cifras que cualquier gerente promedio obtiene y hacer más frecuentes sus buenas decisiones para contratar personal.

El personal equivocado sale costoso

Resulta costoso tanto para usted como para su compañía tomar una decisión errada al contratar al empleado equivocado. Se calcula que cuesta entre tres y seis veces el salario anual presupuestado si con el paso del tiempo la persona elegida termina por no funcionar en su cargo apropiadamente. ¿De dónde vienen esas cifras? Surgen de distintos factores:

1. El número de horas que usted y los demás involucrados tienen que invertir hasta encontrar el candidato indicado.

2. El costo por entrenar e integrar empleados en sus actividades antes que sean realmente capaces de contribuir a su negocio y darle valor. Este esfuerzo suele tomar entre dos y tres meses y hasta más.

3. El salario y los beneficios que se le pagan a los empleados mientras están aprendiendo a hacer su labor.

4. El tiempo y costos por supervisión junto con el salario y beneficios de los supervisores que deben participar en el proceso.

5. El casi inevitable bajo nivel de productividad durante los primeros meses de trabajo del nuevo empleado.

Cuando una persona trabaja para usted y por cualquier razón se va después de seis o doce meses, el 100% de esa inversión en esa persona se pierde para siempre, es inevitable y desaparece sin dejar algún valor.

Ahora, como resultado de contratar a la persona equivocada usted tiene que empezar todo el proceso de contratación nuevamente. De nuevo, toma tiempo y dinero. Por eso es que la mayoría de compañías exitosas parecen ser las que tienen el menor nivel de cambios de personal. Por el contrario, las que cambian constantemente de personal, por cualquiera que sea la razón, tienden a tener menos ganancias.

Otra pérdida tiene que ver con la moral del empleado. Cuando existen muchos cambios en el personal, la gente tiende a desmoralizarse. Ellos comienzan a trabajar e interactuar con el recién contratado y usualmente esa persona se va. Entonces los empleados de planta comienzan a preguntarse si su trabajo será seguro, si el gerente será competente, si existirán problemas importantes con la compañía; pasan mucho tiempo hablando y rumorando acerca de la gente que ha empezado a trabajar y termina por irse; la productividad disminuye. Cuando existen muchas rotaciones de personal los niveles de motivación y compromiso disminuyen. Toda la compañía se afecta.

El personal calificado goza de libertad

Por otra parte, el personal calificado es libre. Lo que esto significa es que la gente altamente productiva que se lleva bien con los demás, siempre contribuye agregando más valor a la compañía de lo que esta invierte en sus salarios y beneficios. De hecho, la regla básica es que los trabajadores deberían contribuir tres veces su costo total a la compañía. Aunque dicho costo es difícil de calcular para los obreros, empleados técnicos, secretarias y administradores, ellos también deberían contribuir con más de lo que le cuestan a la compañía o de lo contrario terminarían convirtiéndose en una pérdida neta para la empresa.

En el año 2009 hubo una gran controversia en los periódicos acerca de un hombre de negocios en Nueva York que recibió un pago de $100 millones de dólares en bonos de Citibank, aunque el banco estaba pasando por serios problemas financieros en el 2008 y el 2009. Los políticos estaban asombrados. ¿Cómo podría alguien ganar $100 millones de dólares al año?

Los ejecutivos expertos de Citibank explicaron pacientemente que esa inversión tan fuerte fue hecha sobre la base de rendimiento. Él recibió un porcentaje de ganancias que le generó al banco. En el año en cuestión, él había generado más de $2 billones del neto de las ganancias del banco. Su cheque de $100 millones fue un acuerdo basado en una cantidad que él recibiría por alcanzar sus metas.

Contratar comienza con "descontratar"

En muchos casos, contratar comienza con *descontratar*. Generalmente usted primero tiene que bajar del bus a la gente inadecuada para poder comenzar a construir un equipo fuerte y de alto rendimiento.

Resulta que el evento más estresante en la vida de un gerente es ser despedido. El segundo evento más difícil de afrontar es despedir a alguien. Lo triste es que si usted no adquiere experiencia despidiendo a las personas equivocadas, entonces va a tener que experimentar el hecho de que al que despidan sea a usted. Si usted no se deshace de la gente con escaso rendimiento, la compañía sí lo despedirá a usted remplazándolo por alguien que sí despida a quienes sea necesario despedir.

Peter Drucker dijo que "un gerente que mantiene un empleado incompetente, es incompetente en sí mismo".

A lo largo de su carrera, uno de los mecanismos más importantes que usted puede emplear como herramienta es conocido como "pensamiento de base cero". Este concepto surge de la Contaduría. En la "base cero" el gerente examina todos los gastos del año y con frecuencia cada trimestre. Luego se cuestiona: "¿Si no estuviéramos gastando el dinero de esta forma, insistiríamos en invertirlo de esta misma manera conociendo los resultados que obtuvimos?". En lugar de discutir si incrementar o disminuir determinado renglón del presupuesto, primero usted debería preguntarse si realmente debería estar gastando en esa área determinada.

Los gerentes audaces ponen sus ideas a prueba antes de adoptarlas como una práctica diaria. Siempre están dispuestos a revisar sus decisiones previas en cualquier área del negocio basándose en situaciones e información actuales.

Se requiere de gran carácter admitir que usted haya cometido un error. Es probable. En momentos de turbulencia y cambios rápidos es posible cometer errores durante el 70% del tiempo. La única pregunta es: ¿Cuánto tiempo va a tomarle admitirlo y comenzar a hacer los cambios necesarios para solucionar sus errores?

Aplique el "pensamiento de base cero"

Con su personal, la pregunta que corresponde al tipo de pensamiento de base cero es: "Conociendo como conozco hoy en día a mi personal, ¿existe alguien que trabaje para mí hoy a quien no contrataría si volviera a presentarme su solicitud de trabajo?".

Esto es a lo que se le llama un "análisis CCC" (Conociendo como conozco). Es una estrategia fácil de aplicar con frecuencia en cada área de los negocios, pero especialmente en la relacionada con la gente que trabaja con usted. Piense en cada una de las personas que tienen que reportarle su trabajo. ¿Existe alguien a quien usted no volvería a contratar conociéndole como le conoce actualmente en lo relacionado a su desempeño laboral? Si existe alguien así, la siguiente pregunta es: "¿Cómo me deshago de esta persona lo más pronto posible?".

Lo que hemos encontrado es que si usted no volvería a contratar a esa persona conociéndola como la conoce, ya es muy tarde para conservarla. Ahora lo importante es saber cómo y cuánto tiempo se tomará para despedirla.

¿Cómo sabe que se encuentra frente a una situación de base cero? La respuesta es sencilla. Se llama "estrés". Cada vez que usted experimente estrés, frustración, enojo, desilusión o cualquiera de esos sentimientos negativos acerca de algún miembro de su equipo, usted debería sacar el tiempo para preguntarse: "¿Volvería a contratar a esta persona si tuviera que volver a hacerlo?".

Otra manera de afrontar una pregunta basada en un pensamiento de base cero con respecto a su personal es: "¿Existe alguien trabajando para mí que si viniera a decirme que renuncia a su trabajo yo no lo pensaría dos veces para aceptar su renuncia?". Todo gerente ha tenido la experiencia de estar deseando desde el fondo de su corazón que un miembro del equipo en especial renuncie y se vaya. Cuando esto ocurre, dicho gerente siente una enorme sensación de descanso.

Compasión mal interpretada

Algunos gerentes conservan a sus empleados de bajo rendimiento debido a una mala interpretación de compasión o lealtad. Se engañan a sí mismos creyendo que la razón por la cual no prescinden de estas personas es porque ellos son gerentes más amables y gentiles.

Pero esto no es más que un autoengaño. La razón por la cual usted no despide a un empleado inapropiado es su cobardía. Sencillamente usted tiene miedo de enfrentar el estrés que se experimenta al despedir a alguien. No tiene nada que ver con la compasión.

He aquí un punto importante. Cuando usted ha decidido que no volvería a contratar a alguien, conociéndole como le conoce actualmente, eso significa que tal persona no tiene futuro dentro de su empresa y que sus días están contados. Es sólo cuestión de tiempo antes de que ella se vaya o sea despedida. La situación no va a mejorar, ya es demasiado tarde.

Lo más amable que usted puede hacer como gerente cuando se da cuenta que esa persona no va a servir para ejecutar ese trabajo es dejarla libre. Cuando es claro que el empleado no tiene futuro en su organización, no amarre la vida de esta persona ni pretenda mantenerla dentro de su nómina. Esto sólo impide que la gente encuentre el trabajo adecuado y hace que obviamente continúen haciendo el mal trabajo que desempeñan actualmente.

Sin culpabilidad no hay culpables

Se dice que una debilidad no es más que una fortaleza utilizada inapropiadamente. Si alguien no está haciendo bien su trabajo y es obvio que no va a lograr lo que usted necesita, no significa que esa persona sea mala por alguna razón. Sólo significa que existe una incongruencia entre lo que usted necesita y lo que la persona tiene para ofrecer. En la medida en que usted identifique con rapidez dicha inconsistencia y le permita a la persona irse, cambiar de empleo y encontrar una posición más adecuada, mejor será para las dos partes.

Utilice esta prueba de análisis CCC con cada miembro de su equipo. Cuando usted se sienta insatisfecho o estresado por alguna razón debido a alguien, pregúntese: "¿Volvería a contratar a esta persona si tuviera la oportunidad?". Cuando encuentre el arrojo que se necesita para tomar acción en cuanto a su decisión de despedirla, tendrá el mismo sentimiento que todos lo gerentes experimentan después de un despido: "¡Debí hacerlo desde mucho tiempo atrás!".

Una vez haya "bajado del bus" a la gente inadecuada, sólo entonces usted podrá construir el equipo de alto rendimiento que le ayudará a llenar las expectativas que tenga para su empresa.

Elija ganadores

Muchos gerentes no han recibido entrenamiento en el proceso de selección de personal. Sin darse cuenta terminan en la posición de contratar a quienes van a trabajar con ellos y en lugar de darse cuenta que seleccionar a un empleado es muy similar a seleccionar a la pareja sentimental, el enfoque que le dan a este proceso es a veces al azar. Como resultado, especialmente durante los primeros años del cargo, los gerentes se equivocan vez tras vez en la elección y ubicación del personal.

Pero esto no tiene por qué ser así. Actualmente existen todas las respuestas necesarias. Cada año decenas de millones de personas son seleccionadas y ubicadas en sus trabajos. Existen pasos específicos a seguir para incrementar dramáticamente la habilidad de escoger al individuo adecuado para hacer parte de su equipo en el tiempo correcto y con el salario justo por hacer la labor correspondiente. Usted no necesita reinventar este método.

Piense con papel en mano

Comience por planear con papel y lápiz. Existe una maravillosa conexión entre el cerebro y la mano. Cuando usted escribe algo (no en su computador sino a mano), clarifica y comprende mejor lo que realmente está buscando. El hecho es que si no logra describir la persona que necesita al intentar hacerlo por escrito, entonces usted todavía no está entendiendo lo que quiere.

Una vez comienza a desarrollar una idea clara del sujeto que requiere para desempeñar la labor necesaria en el momento específico, discuta sus ideas con la gente que va a estar involucrada. Pida consejo e ideas nuevas de parte de los otros miembros del equipo, haga que se involucren y manténgalos involucrados en este proceso de selección. Se sorprenderá y disfrutará con la calidad de los aportes que su equipo le dará, los cuales incrementarán su habilidad para seleccionar desde el principio a la persona indicada.

Tome el tiempo necesario

Tome el tiempo que se requiere para seleccionar y contratar. Las decisiones rápidas casi siempre son equivocadas. Como dice el dicho: "Despacio que vamos de afán".

Cada vez que piense en contratar un nuevo miembro para su equipo, piense en el trabajo a realizar como si fuera algo que no hubiera existido antes. Actualmente la descripción del trabajo se vuelve obsoleta desde antes que la tinta se haya secado en el papel. Lo que durante el primer año era una habilidad importante o el grado de responsabilidad frente al cargo, puede llegar a ser irrelevante al año siguiente. Por eso al diseñarlo suponga que está comenzando con una hoja de papel en blanco y que tiene la oportunidad de comenzar de nuevo incluyendo más de las cosas que necesita hoy y eliminando aquello que dejó de ser importante o relevante.

Comience con los resultados

Comience con la lista de los resultados exactos requeridos para el trabajo. En muchos aspectos cada resultado es como una meta. Es específico y medible dentro de un límite de tiempo. Especialmente es responsabilidad única del individuo que ha sido asignado al trabajo. ¿Cuál será la responsabilidad de esta nueva persona que usted está contratando para su organización o negocio? ¿Será completamente responsable de realizar una labor específica? ¿O estará desarrollando una parte del trabajo mientras otras hacen otras partes del mismo?

Si usted piensa en su empresa o departamento como en una fábrica, entonces verá a cada persona como alguien que se encuentra en una línea de producción que realiza una determinada labor. Casi como una brigada conjunta en la que se pone en una bandeja que va de persona en persona y cada una toma el trabajo que ya ha sido realizado por la persona anterior, hace su parte del trabajo y luego se lo pasa a la siguiente persona. Aunque este es un método imperfecto para describir el conocimiento del cargo, cuando usted contrata a alguien, está contratando unidades de producción específicas. Usted debe tener claridad en cuanto a cuáles son esas unidades. Póngalas por escrito.

Mida el éxito que obtiene

¿Cómo medirá el éxito que obtenga? La cuestión es que si no puede medirlo, no puede manejarlo. ¿Cómo sabrá que el trabajo ha sido realizado de forma satisfactoria? ¿Cómo podrán los demás determinar la calidad del trabajo? Es necesario tanto para usted como para el nuevo empleado que haya completa claridad en cuanto a lo que se considera como alto desempeño. Este punto es esencial para crear un lugar de trabajo de alto rendimiento.

Identifique habilidades y experiencia

¿Qué habilidades y experiencia se requieren para desarrollar el trabajo? De todas las habilidades que debe tener el individuo, ¿cuáles serán las más importantes? Lo más sabio que usted necesita hacer desde su cargo gerencial es contratar gente que ya haya desarrollado las habilidades que usted necesita mediante experiencias adquiridas en otros lugares. Es mucho mejor que tener que invertir tiempo, contratiempos y capital para enseñar esas habilidades usted mismo.

La elección correcta

¿Qué clase de *personalidad* encajaría mejor con usted y su empresa? Esta es una de las preguntas más importantes entre todas, cuando se trata de escoger personal.

Para que la gente aporte su máxima contribución laboral, debe encajar perfectamente con los otros miembros del equipo. Debe ser capaz de laborar en armonía y ser tanto agradable como respetada.

Cada compañía cuenta con su personalidad propia. Esta va desde la cumbre hasta abajo. "Plumas de una misma clase permanecen juntas".

Algunas compañías se establecen y conservan su orientación. Se mueven cuidadosa y lentamente y no quieren personas que echen a perder su visión. Su creencia es que "si usted quiere llevarse bien con los demás, debe seguir el ejemplo de ellos".

Otras empresas, especialmente las jóvenes y tecnificadas, son más abiertas, expresivas e interempresariales. Reciben con aprecio la espontaneidad y la creatividad animando a sus miembros a debatir y argumentar acerca de sus productos, procesos, servicios y costumbres para ver cómo desarrollar mejor cada uno de estos aspectos.

La persona indicada en la compañía equivocada

Durante un seminario una mujer se me acercó a pedirme consejo. Me explicó su trabajo actual y se veía un poquito frustrada al decir que trabajaba para una empresa de 100 años de fundada. Todos los gerentes habían estado allí desde hacía 20 y 30 años. Cada vez que ella sugería lo que creía que era mejor o más creativo en su cargo para hacer que el producto o servicio al cliente fuera más eficiente, sus jefes hacían evidente que sus sugerencias no eran bienvenidas. Ellos no creían en cambiar las cosas.

¿Mi consejo? Le dije que parecía ser una mujer muy creativa y ambiciosa pero no importaba qué tanto ella lo intentara, sus jefes no iban a cambiar. Les había tomado la vida entera desarrollar su personalidad y rodearse de gente con la misma visión del mundo. Lo mejor que ella podía hacer era irse a trabajar para una empresa más joven y dinámica dispuesta a apreciar la energía e ideas que ella quería aportar a su trabajo. Ella me agradeció y se alejó.

Un año más tarde yo estaba en una conferencia en la misma ciudad y ella vino hacia mí y volvió a presentarse. Estaba radiante y feliz. Había seguido mi consejo. Encontró una compañía que tenía tres años de fundada y pertenecía a gente más joven que le ofreció un cargo en computación. En pocos meses había sido promovida una y otra vez. Sus ingresos subieron el 40% con respecto a los que tenía en su empleo anterior. Pero sobre todo, me dijo que estaba emocionada y contenta con su trabajo y esperaba con ganas cada nuevo día.

La gente adecuada en el puesto indicado

El punto es que usted no debería intentar colocar una estaca redonda en un hueco cuadrado. Aún si una persona tiene los talentos, habilidades y experiencia que usted quiere y necesita, es importante que esa persona sea compatible con la cultura de su empresa. Si su personalidad y temperamento es diferente a la de quienes toman las decisiones en su empresa, no funcionará y usted simplemente tendrá que pasar por el momento y el inconveniente de remplazarla. Piénselo de antemano.

Una vez que haya meditado lo suficiente acerca de la persona que está necesitando, lo haya discutido con los demás, haya puesto sus pensamientos por escrito, entonces es tiempo de escribir la descripción del trabajo con todos los detalles. ¿Exactamente qué es lo que usted quiere que esa persona haga?

Prepare la descripción del cargo

Haga la lista de las responsabilidades específicas del cargo. Incluya el grado de educación, habilidades y experiencia requeridas para ser el candidato ideal. Describa la personalidad y temperamento que esta nueva persona necesitaría para encajar bien con usted y la otra gente que hace parte de la empresa.

Haga una lista de las cualidades y características que esta persona ideal debería tener. Que sea una lista de 20 a 30 ítems. Luego organícela y divida 100 puntos entre los ingredientes que ese candidato ideal poseería, basándose en sus prioridades.

¿Cuál es la cualidad más importante que usted busca? Usualmente corresponde a un récord previo detallado que ha dado resultados exitosos en la parte más importante del trabajo para el cual usted está contratando a esta persona. Esta cualidad debería tener un puntaje de 10 a 20, ¡inclusive hasta 50!

¿Cuál es el segundo ingrediente más importante que usted está buscando? ¿Cuál es el tercero? Y así sucesivamente. Analice y vuelva a analizar su lista dividiendo los 100 puntos hasta que obtenga la que es básicamente una pirámide. Se dará cuenta que el 20% de los ingredientes que usted ha identificado como importantes para la descripción del cargo tomarán hasta el 80% de los 100 puntos que describen al candidato ideal. Su lista caerá en unas series de "debe" y "quiero".

Separes sus "debe" de sus "quiero"

Hay ciertos aspectos que definitiva y absolutamente "debe" tener un candidato ideal. Hay otros que serían interesantes y que usted "quisiera" pero que no esenciales. Por ejemplo, cuando escribo la descripción de un candidato ideal para determinado trabajo, yo siempre incluyo: "Quiero que viva relativamente cerca de la empresa".

Sin embargo, ese requerimiento sólo obtiene 1 ó 2 puntos cuando lo comparo con las habilidades y experiencia previa. Este es un "quiero" que sería bueno tener pero no es un "debe", un ingrediente esencial. Hoy tengo un equipo de trabajo que vive a 30 y 40 millas de la empresa.

A este punto, pare y circule su lista y la distribución de sus puntos a otros miembros de su equipo. Invítelos a comentar su descripción y agregar sus opiniones. Se sorprenderá de los aportes que su equipo sabrá darle.

Ahora está listo para redactar su anuncio y encontrar a la persona ideal. Este ejercicio cristaliza sus mejores ideas. Empiece con algo como: "Se necesita persona con experiencia comprobable en el logro de los siguientes objetivos…" y luego hago la lista de las principales responsabilidades del cargo. Posteriormente, liste atributos de personalidad tales como: "amable, creativo, que trabaje en equipo". Y de nuevo, primero rote su aviso por todo su equipo de trabajo antes de publicarlo. Siempre encontrará formas de mejorarlo y hacerlo más efectivo para atraer a la persona indicada.

Publique su aviso

Ya que tiene una descripción clara de la persona que necesita, es tiempo de publicarla. Presente al mundo su solicitud. Comience con internet e intente las distintas redes que conoce para publicar un aviso de empleo. Invite a los candidatos interesados a enviarle la hoja de vida a su correo electrónico para que usted pueda evaluarlos y responderles.

Algunas empresas utilizan otra técnica adicional a la de internet para hacer circular la descripción del cargo. Haciendo todo intento posible por contratar *internamente*. Es decir, publican el aviso dentro de la compañía o le dicen a la mayoría de miembros posible que la empresa está buscando una persona que llene unos requisitos establecidos.

Conozco una compañía que ofrece un bono de $1.500 dólares a sus empleados actuales por cada nuevo empleado que traiga a trabajar con la empresa. Paga el bono en tres partes: $500 dólares cuando la nueva persona es contratada, $500 después de seis meses de trabajo y $500 al final del primer año.

Como cada persona en la compañía conoce un promedio de 300 personas por su nombre, cuando usted incentiva financieramente a su equipo a contribuir en la búsqueda de nuevo personal, usted estará publicando su aviso de empleo a cientos y potencialmente miles de candidatos.

Lo mejor de todo es que los miembros de su equipo tienen un punto de vista interno sobre el tipo de persona adecuada para recomendar en la empresa. Nadie quiere cometer un error y quedar avergonzado al recomendar a alguien que no funcione. Además tendrán mucho cuidado acerca de la persona que presentan para una entrevista con usted.

Algunas compañías hacen casi todas las contrataciones de empleados a través de sus referidos internos. También puede usar el periódico, revistas, agencias y otra clase de medios. Es una buena idea decirles a sus vendedores y proveedores que usted está buscando un tipo de persona en particular y que si ellos coinciden en tener el candidato apropiado sería bueno que lo refirieran a usted para una entrevista.

Contacte universidades

Un medio bastante frecuentado para buscar prospectos de empleados es a través de las universidades. A ellas asisten personas con un rango de edad promedio entre 28 y 40 años. La razón principal por la que los adultos asisten a la universidad es para adquirir habilidades que los harán más mercadeables para ganar mejores salarios en el futuro. Esa es una buena señal de que la gente que se registra para tomar cursos y capacitarse es usualmente ambiciosa, decidida y disciplinada. Esa es exactamente la clase de gente que usted busca para su empresa.

Contacte las universidades públicas y los institutos de capacitación que estén ubicados alrededor de su empresa. Infórmeles que usted está buscando uno o más candidatos para llenar una o más vacantes dentro de su empresa. Envíeles las descripciones de los cargos para que dichas entidades las tengan por escrito. Si es conveniente, visite la universidad o lugar al que quiere enviar la solicitud personalmente y conozca a la gente encargada del Departamento de Personal. Suelen ser personas muy interesadas en demostrar que sus estudiantes adquieren los mejores trabajos tan pronto se gradúan. Cooperarán ampliamente con usted.

La regla básica para contratar es que mientras mayor sea la cantidad de buenos candidatos, mejor será la calidad de la persona que usted finalmente elija. Mientras mayor sea la cantidad de gente que usted atraiga para ocupar el cargo, mejor oportunidad tendrá de contratar al candidato adecuado.

Seleccione las hojas de vida

Ahora que ya ha hecho al mundo su anuncio, el próximo paso es saber cómo manejar las aplicaciones que reciba. Es frecuente recibir docenas y hasta cientos de ellas cuando usted anuncia en la red. Usted debe saber cómo seleccionarlas rápidamente antes de comenzar a llamar a sus candidatos.

Usted debe hacerle seguimiento sólo a las aplicaciones que respondan a su necesidad refiriéndose al trabajo que está ofreciendo. Debe haber algo en la hoja de vida que sea personalizado y se refiera al sector de su industria o a su área específica de trabajo. Dentro de la descripción de la experiencia del candidato debe existir algún detalle que le permita a usted saber que esa persona sería una buena opción para llenar su oferta de empleo.

Contacte a los candidatos por vía telefónica

Cuando usted ha analizado las aplicaciones y seleccionado un número manejable de ellas, conéctese con sus candidatos y anímelos a contactarse con usted por vía telefónica a una hora específica para una primera entrevista. Es posible seleccionar entre 80% y 90% de los candidatos por teléfono sin ni siquiera tener que conocerlos personalmente. Cuando ellos llamen, hágales preguntas que estén relacionadas directamente con su aviso y la descripción del cargo. Pregúnteles por qué ellos creen que podrían hacer el trabajo, qué experiencia tienen, que resultados han alcanzado que estén relacionados con su oferta de empleo, cuántos años de experiencia tienen.

Especialmente pregúnteles si han visitado la página de su empresa. Luego hágales preguntas específicas como: ¿Cuál es la impresión acerca de mi empresa? ¿Cuáles diría usted que son nuestros productos y servicios principales? ¿En qué área de nuestro negocio cree usted que encajaría mejor? Es sorprendente la cantidad de candidatos que llamarán y aplicarán para un empleo sin ni siquiera visitar la página de la empresa a la cual aplicaron para estudiarla en detalle. Esta es una forma fácil y rápida de cualificar a sus candidatos. Si ellos *no* han visitado su web, será el fin de la conversación, agradézcales su llamada y dígales que este trabajo no será el adecuado para ellos.

El candidato ideal que vale la pena conocer personalmente

Lo que usted está buscando es candidatos que hayan leído y estudiado cuidadosamente su anuncio. Que sean personas que hayan tomado notas y pensado en cómo calificar para el cargo. Que hayan visitado su web y la hayan explorado con detenimiento para obtener conocimiento del tamaño, la naturaleza y la estructura de su negocio y de los productos y servicios que ofrece. Cuando usted habla con candidatos así, observa en ellos que están informados e interesados, lo cual los hace interesantes. Todas esas son buenas señales.

En un mercado promedio de empleos, usted necesita contactarse con 10 ó 20 candidatos para encontrar a la persona apta a la cual conocer en persona. Es en ese momento en que realmente se sabe; es durante la entrevista y después de ella que usted incrementa o disminuye su habilidad para contratar a la persona indicada para usted y para su empresa.

La Ley del tres en el momento de contratar

La Ley del tres es una técnica poderosa que usted puede usar para incrementar la calidad de sus contrataciones hasta con el 90% de éxito. Este principio lo obliga a disminuir la velocidad en el proceso de contratación y a tomar decisiones más apropiadas. Existen cuatro aplicaciones a esta ley:

Entreviste tres candidatos

La primera práctica de la Ley del tres es que usted siempre debe entrevistar por lo menos a tres candidatos antes de tomar una decisión sobre quién obtendrá el cargo. No importa qué tan buena sea la impresión que le cause el primer entrevistado, no le ofrezca el trabajo. Con el tiempo los gerentes se dan cuenta que lo mejor que algunas personas recordarán en su vida es su primera entrevista de trabajo. De ahí en adelante comienzan a desmejorar y a veces el descenso es bastante rápido.

Cuando usted entrevista tres candidatos, usted obtiene tres perspectivas distintas de la clase de gente que hay disponible para el cargo. Una persona puede parecerle adecuada, la otra a lo mejor es regular y la tercera es excelente. Pero en todos los casos, no importa qué tanto le agrade el candidato, tome la decisión más adelante.

Entreviste tres veces

La segunda aplicación de la Ley del tres es que usted entreviste a la persona que le parece indicada por lo menos tres veces. Muchas compañías entrevistan un candidato, inclusive para un cargo de secretariado, hasta diez y veinte veces. Ellas saben que al tomarse un buen tiempo en el proceso de selección encontrarán gente de muy buena calidad que se quedará dentro de la empresa durante muchos años.

Cuando usted hace volver a la gente para entrevistarla una segunda vez, ellos bajarán la guardia considerablemente. Usted observará aspectos que omitió por completo en la primera entrevista. Cuando usted entrevista a un candidato por tercera vez, cuando llega a ese punto del proceso, estará sorprendido de haber considerado la posibilidad de contratarlo. La tercera vez que usted se encuentra con alguien notará las discrepancias y debilidades de las cuales usted no fue consciente al inicio.

Seleccione tres lugares diferentes para la entrevista

La siguiente aplicación de la Ley del tres es entrevistar al candidato en tres escenarios diferentes. La gente está sujeta a lo que se conoce como "el efecto camaleón". Cambian su personalidad cuando usted los traslada de un sitio a otro, tal como el camaleón cambia sus colores cuando se trasporta de un lugar a otro. Una persona que es profesional, relajada y preparada, puede mostrar una personalidad distinta dentro de la oficina que cuando usted la invita a tomar un café al local ubicado frente de su empresa.

La primera entrevista puede ser en su oficina; la segunda en otra oficina de personal o en otro lugar dentro de la empresa; la tercera entrevista puede realizarse fuera de la empresa mediante una invitación a un café o almuerzo. Muchas compañías insisten en llevar al candidato junto con su pareja a una cena antes de tomar la decisión de contratarlo. A medida que usted rota a su candidato por distintos escenarios, él demostrará diferentes facetas de su personalidad, a veces admirables y a veces no tanto. Mientras más despacio vaya usted, mejor será su decisión.

Haga que tres personas diferentes entrevisten a su candidato

La siguiente aplicación de la Ley del tres es lograr que el candidato sea entrevistado por otras tres personas distintas a usted. Esta es una de las reglas más útiles que he aprendido como gerente. Cuando era un gerente más neófito y luego dueño de mi negocio, entrevistaba al candidato para conocerlo y contratarlo durante la misma entrevista. Como resultado había una puerta giratoria en mi negocio por la cual entraba y salía gente en tiempos tan cortos como uno y dos días. Estos cambios constantes creaban caos, desmoralización, confusión y además, con el paso del tiempo terminaban costando una enorme cantidad de dinero.

Cuando comencé a utilizar la Ley del tres y entendí cómo pausar más el proceso de contratación, la calidad de mis contrataciones subió drásticamente. Pero fue la cuarta aplicación de esta ley lo que me ayudó realmente. Ahora, cada vez que he entrevistado a alguien y estoy dispuesto positivamente a contratar al candidato, lo invito a dar una vuelta por la oficina para que conozca otras personas. Presento al posible nuevo miembro del equipo a un miembro de mi equipo con quien esta persona estaría trabajando constantemente. Después que ese miembro ha tenido una conversación o compartido un café o a veces un almuerzo, le presentará al candidato a otro empleado con el cual trabajaría y así sucesivamente. Cada una de esas conversaciones será informal, uno a uno, compañero a compañero y completamente relajada.

Cuando el candidato se va nos reunimos como equipo y votamos. Ese voto debe ser todo o nada. Nuestra regla consiste en que debe haber un consenso del 100% para contratar a una persona. Todos deben estar de acuerdo en que esa es la clase de individuo que quieren en nuestro equipo. Si sólo uno de nosotros está en desacuerdo y sus razones para diferir no son disuadidas satisfactoriamente, el candidato será descalificado del proceso.

Involucre al equipo

Son muchas las ventajas de involucrar al equipo. La primera ventaja es que cuando los miembros de su equipo están involucrados en el proceso de entrevista y contratación, se sienten más vinculados a la empresa de lo que se sentirían si el nuevo miembro fuera presentado frente a ellos, como el zorro frente a las gallinas.

La segunda ventaja es que cuando la gente tiene la oportunidad de hablar y evaluar a un compañero de trabajo en potencia, y ellos votan para traer a esa persona a la empresa, estarán mucho más comprometidos a ayudarle a triunfar desde el primer día de trabajo. Tendrán un interés personal en la carrera del compañero recién ingresado. Sentirán que desde un comienzo tienen una opinión sustancial en la elección del candidato y se asegurarán de que este tenga éxito.

Desde el primer día el recién contratado estará rodeado de nuevos amigos. Los miembros de su equipo se presentarán, ofrecerán su ayuda incondicional en cualquier situación, le ofrecerán un café, lo llevarán a almorzar y hasta compartirán un trago después del trabajo. De inmediato el recién ingresado se convierte en un miembro aceptado por el resto del grupo porque ellos estuvieron involucrados personalmente en traerlo a bordo del barco.

La fórmula S.W.A.N.

Existen cuatro aspectos a tener en cuenta durante la entrevista y contratación de nuevos miembros. Ellos deben ser *inteligentes (Smart), trabajadores incansables (Hard Workers), ambiciosos (Ambicious) y agradables (Nice)*. Esta es llamada con frecuencia la fórmula S.W.A.N., propuesta por el ejecutivo contratista John Swan.

Busque gente inteligente

La inteligencia es una característica del ser humano que predice alto rendimiento. En términos de las variables estadísticas, un estudio mostró que la inteligencia en los candidatos es la cualidad que permite predecir con un 72% de certeza el éxito que obtendrían en su nuevo cargo. Los candidatos más inteligentes son posiblemente los ideales para desarrollar la labor asignada.

Una parte de la inteligencia tiene que ver con el antecedente educacional. A mayor educación que una persona haya recibido, mayor es la posibilidad de que sea más inteligente. Otro indicador es la cantidad de lectura y autodesarrollo. Los individuos que leen bastante, que escuchan programas de audio y toman cursos adicionales por su cuenta, son más productivos e inteligentes de lo que serían si no hicieran este tipo de actividades.

Un gerente que conozco desarrolló una manera muy efectiva de seleccionar los candidatos de bajo perfil y quedarse con los interesantes. Al inicio de la entrevista su primera intervención era: "Cuénteme acerca de algunos libros, programas de audio y seminarios en los que se haya involucrado por su propia cuanta para desarrollarse personal y profesionalmente".

Luego esperaba silenciosamente. Si el candidato no lograba salir con una buena intervención, él se levantaba, le agradecía por haber venido, lo guiaba hacia la puerta y le informaba que ese no era el cargo indicado para él. Lo que él encontró con el paso de lo años en su dura experiencia fue que una persona que no está interesada en el conocimiento continuo no es alguien que a largo plazo será exitoso en los negocios.

Usted conoce el viejo dicho: "Si usted no está mejorando, entonces está empeorando". La gente que no está leyendo y actualizándose y mejorando sus habilidades, de hecho está quedándose atrasada en el mundo de rápido movimiento que es la tecnología. Busque gente que sea inteligente y esté preparándose para ser todavía más inteligente.

Quizás el mejor indicador de inteligencia es el grado de curiosidad que manifiesta el individuo. La gente inteligente hace muchas preguntas. El promedio de personas se sientan ahí y tratan de decir lo que usted quiere escuchar. Especialmente, la gente inteligente quiere saber mucho del negocio, de sus productos y servicios, del futuro potencial de la empresa, de industria, de cómo pueden desarrollarse por sí mismos si vienen a trabajar para la compañía. También hacen muchas preguntas sobre usted. Se muestran interesados en engancharse con su empresa.

Busque trabajadores incansables

Encuentre gente que le encanta trabajar. La regla 80/20 aplica también al trabajo. El 80% de quienes trabajan actualmente es *perezoso*. Van de perezosos a más perezosos a extremadamente perezosos. Pero son básicamente perezosos en que están buscando constantemente formas de abreviar y hacer menos trabajo. Comienzan su labor en el último minuto; pierden cantidad de tiempo charlando con compañeros y haciendo negocios personales que no tienen en absoluto nada que ver con el cargo para el cual fueron contratados.

La gente que trabaja duro se ha convertido en lo que un autor llama "extrarendidores". Ellos son los caballos que empujan el vagón, son la locomotora del tren. Ellos son los que desarrollan el 80% del trabajo y son responsables del 80% del éxito de su empresa. Su trabajo es contratar a tantos de ellos como le sea posible.

Una buena pregunta para determinar qué tan arduo es el trabajo de un candidato es: "En algunas ocasiones necesitamos trabajar en las noches y durante los fines de semana para completar el trabajo según nuestro cronograma. ¿Cómo se sentiría al respecto?". Esta pregunta generalmente delata a un perezoso de inmediato. Tal candidato comenzará a argumentar sobre lo importante que es para él su vida personal y que por lo tanto sus fines de semana le pertenecen. Se ofrecerá a trabajar duro durante el día pero no le gusta la idea de tener que hacer horas extra. Limítese a escuchar en silencio y tome nota de ello. Una persona que no trabajaría horas extra tampoco trabajará muy duro durante las horas habituales.

La respuesta correcta a esa pregunta debería ser: "¡Haré lo que sea necesario!".

Un trabajador incansable hará lo que sea necesario para realizar un buen trabajo sin tener en cuenta el número de horas ni la cantidad de noches y fines de semana que le tome realizarlo. Pero la gente puede engañarlo así que cuando usted esté chequeando las referencias asegúrese de preguntar: "En la escala de 1 a 10, ¿qué tan buen trabajador diría usted que es esta persona?".

Usted quiere a alguien con ambiciones

Los mejores candidatos son *ambiciosos*. Quieren seguir adelante en la vida. De hecho, una de las motivaciones más poderosas para tener alto rendimiento es la idea de mejorar y escalar como resultado de hacer una labor excelente.

En el mundo laboral actual usted posiblemente entreviste un candidato que haya tenido varios cambios de empleo en los últimos años. Puede ser un punto *malo* si el candidato fue despedido o dado de baja por tener un rendimiento escaso. Pero puede ser *bueno* si el candidato es ambicioso y deliberadamente cambió de trabajos buscando oportunidades para hacer más y ganar más.

Otra buena pregunta es: "¿Dónde se ve usted en los siguientes 3 a 5 años?". Mucha gente contesta: "Yo quiero su cargo". La mejor respuesta es cuando le dicen que quieren una oportunidad para hacer una labor excelente y ser promovido como resultado de ella para obtener un pago mayor, acorde con un cargo de más responsabilidad. Este candidato inclusive preguntará qué tiene que hacer para obtener un mejor pago en el menor tiempo posible. Esta es la clase de persona que usted necesita conducir en la dirección correcta, que trabajará día y noche para aprovechar las buenas oportunidades.

Contrate gente agradable

La cuarta cualidad que usted busca en un candidato ideal es que sea agradable. Sea egoísta. Contrate sólo gente que le agrade y con la cual disfrute. Nunca contrate gente con personalidad difícil debido a que cuenta con habilidades técnicas o porque usted piensa que otras personas sabrán lidiar con gente así.

El "incompetente elocuente"

En la búsqueda de gente agradable tenga cuidado con el "incompetente elocuente". Hoy en día esta clase de gente está por todas partes, van de entrevista de trabajo en entrevista de trabajo, consiguiendo qué hacer y desequilibrando el sitio de trabajo. Son la peor pesadilla de toda empresa.

En la historia de cada gerente existe uno o más de estos incompetentes elocuentes a los cuales ha conocido e inclusive contratado. Ellos sólo tienen una buena habilidad: la de presentar una entrevista de trabajo agradable porque son complacientes, amigables, simpáticos, con buen sentido del humor, le hacen muchas preguntas personales y parecen estar fascinados con usted y su historia. Es fácil simpatizar con ellos casi de inmediato. Pero hacer una buena entrevista es su *única* habilidad.

Una vez haya contratado a un incompetente elocuente, usted se dará cuenta que esa persona no produce nada de valor. Son individuos con una increíble facilidad para dar excusas y pretextos. Siempre tienen una razón por la cual el trabajo no quedó bien hecho y con frecuencia hablan sobre el gran trabajo que están a punto de hacer. Se hacen amigos de todo mundo y saben volverse populares, por lo menos por un corto tiempo. Pero nunca producen nada de valor.

Y todavía peor, en el siguiente periodo de tres a seis meses, los incompetentes vendrán a usted con una lista de excusas y razones por las cuales aun no han culminado su trabajo, pero querrán un incremento salarial. Tratarán de convencerlo de que si estuvieran ganando lo suficiente para resolver sus problemas financieros, estarían desarrollándose mejor laboralmente.

En mi experiencia, usualmente toma unos seis meses para descubrir a un incompetente elocuente. En ese trascurso de tiempo usted estará cogiéndose la cabeza a dos manos y a veces hasta arrancándose sus cabellos porque no consigue comprender lo que dicho sujeto está pensando. Es sólo hasta cuando usted se da cuenta que fue embaucado por un profesional de las entrevistas de trabajo que decide terminar la situación despidiéndolo. Si usted está pasando por esa experiencia o si la ha tenido en el pasado, no se sienta mal por eso. Es un evento casi inevitable en el camino a convertirse en un gerente experimentado.

Busque el historial de metas cumplidas

Cuando usted entrevista candidatos, averigüe el historial de sus logros y metas cumplidas en otros trabajos. ¿Qué han hecho específicamente en el pasado para demostrar que van a obtener los resultados por los cuales usted los está contratando? Recuerde, la gente se evalúa a sí misma basada en lo que piensa que puede lograr en el futuro. Pero usted debe evaluarlos solamente por lo que han hecho en el pasado. El rendimiento anterior es el único indicador del rendimiento futuro.

Una de las mejores cualidades que he encontrado en un buen candidato es su "sentido de urgencia". El candidato quiere el trabajo, realmente lo desea y anhela empezar tan pronto como sea posible. Sin embargo esta también puede ser una forma de impresionar. La gente se muestra entusiasta en la mayoría de entrevistas de empleo pero cuando usted les pregunta cuándo pueden comenzar, se acuerdan de hablar de su necesidad de darle a su jefe actual unas semanas de notificación o quieren tomar vacaciones antes de iniciar este nuevo trabajo. Cada vez que escuche estas historias, haga sonar sus alarmas en señal de peligro.

Si ese es el candidato adecuado para usted y su compañía, la persona estará interesada en iniciar lo más rápido posible. Los candidatos ideales estarán pensando cómo salirse de su empleo actual y hasta en ofrecerse a trabajar tiempo parcial en las noches y fines de semana para apresurar su empalme entre el presente y el futuro trabajo. Cualquiera que necesite algún tiempo para pensar al respecto, para demorarse o tomar vacaciones, debería ser eliminado de la lista de candidatos de manera inmediata.

No comience a negociar todavía

Un punto más con respecto al proceso de entrevista: no comience a *negociar* antes de estar seguro de *comprar*. No entre en el campo de describir las delicias del cargo y las maravillas de la empresa antes de haber llegado al punto en el que usted esté convencido de querer contratar a esta persona.

Muchos gerentes cometen el error de convertir la entrevista de trabajo en un mercado de ofertas laborales. Hablan y hablan acerca de la maravillosa calidad de la gente y del futuro glorioso de quienes trabajen allí. Tratan de impresionar al candidato con las ventajas de la compañía.

Hay un momento adecuado para explicar las mejores cualidades de la empresa y de la buena elección profesional que sería venir e incorporarse en ella. Pero eso es más tarde, después que usted comienza a sentir que esa puede ser la persona indicada, una vez que el candidato muestre curiosidad de saber más acerca del futuro de la empresa. Tenga paciencia.

Tómese su tiempo. No comience a negociar si no está convencido de comprar.

Verifique cuidadosamente la hoja de vida

Una vez que está seguro de que le agrada el candidato, e inclusive antes, usted debería verificar las referencias que acompañan el C.V. presentado. Cerca del 60% de las hojas de vida son falsificadas en algunos aspectos. Las credenciales presentadas en el área de Educación suelen ser exageradas. Las metas son sobrevendidas. El grado de autoridad y responsabilidad de los cargos desempeñados anteriormente es inflado. El salario anterior no es tan alto. No importa qué tanto le agrade la persona, nunca acepte nada por fe.

Una buena idea es decirle al candidato: "Vamos a hacer un estudio completo de su C.V. y a chequear la información que nos dio. ¿Hay algo más que deberíamos saber antes de comenzar a hacer nuestro chequeo?".

La simple pregunta con frecuencia comienza a sacar esqueletos del closet, algunos de los cuales usted estará en capacidad de manejar o representarán un verdadero impedimento. Hacer este anuncio también puede ahorrarle mucho tiempo y problemas al chequear hojas de vida que encubren situaciones de mal gusto.

Espere respuestas capciosas

Cuando usted finalmente le hace seguimiento a una hoja de vida y contacta a los referidos que aparecen en ella, recuerde que la mayoría de empleadores se siente amenazada o atemorizada de ser demandada por hacer cualquier clase de comentario negativo acerca del pasado de un ex empleado. Por lo tanto tendrán cuidado y permanecerán alertas al responder. Con frecuencia tienden a suministrar nada más que fechas de inicio y finalización del contrato de empleo y el cargo de su nuevo candidato.

Chequear hojas de vida es algo que necesita hacer *personalmente,* si la persona va a trabajar para usted directamente. No es una actividad que debiera delegarle a su secretaria o a otro subordinado. Usted necesita la oportunidad para hablar directamente con alguien en su mismo cargo en otra empresa y escuchar lo que tiene para aconsejarle, tanto lo que usted debe como no debe decir en una entrevista de trabajo.

Pida ayuda

Cuando se contacta con un referido por teléfono, preséntese y luego dígale que usted es el gerente de su empresa y que está averiguando acerca de un candidato que desea ocupar un cargo en su organización. Diga algo como: "Necesito su ayuda".

Cuéntele a este referido acerca del trabajo para el cual está contratando a este candidato. Pregúntele qué tan bien él cree que el candidato está capacitado para hacerlo. Hable tan poco como le sea posible y escuche cuidadosamente.

Las dos preguntas que necesita hacer porque van a darle muy buenas pistas, son las siguientes:

1. "¿Contrataría a esta persona otra vez?". Legalmente, la gente puede contestar esta pregunta con honestidad y en forma directa sin temer ni ser demandada. Si le dicen que no volverían a contratar a su candidato, pregunte: "¿Podría saber por qué no?". Usted puede o no obtener una respuesta, pero siempre pregunte.

2. "¿Existe algo más que yo debería saber acerca de este candidato?". Haga esta pregunta justo antes de colgar. A veces la respuesta a esta pregunta le dará información vital que le permitirá hacer una mejor decisión para contratar o no.

Decida lentamente

Una vez que ha hecho su entrevista y su tarea y ya está a punto de tomar la decisión de contratar, deténgase un poco más y dese tiempo para pensarlo con profundidad. Tome su decisión con calma.

Un gerente con el que trabajé desarrolló con el paso de los años la reputación de saber contratar gente verdaderamente excelente que paulatinamente fue ascendiendo y se convirtió en una parte valiosa dentro de la compañía. Su secreto era sencillo: "No importa qué tanto me agrade la persona, siempre espero 30 días antes de tomar la decisión de contratarla".

Por lo menos, consulte con su almohada antes de decidir. Si le es posible, piénselo durante un fin de semana. Para ganar tiempo para mí, con frecuencia les digo a mis candidatos que lo piensen igualmente y les propongo: "Tómese un par de días para pensar al respecto y si todavía quiere el trabajo, llámeme el lunes en la tarde a eso de las 3:00 pm".

Escuche a su intuición

Una de las mejores cosas que usted debe hacer es seguir su intuición. Confíe en "la voz interior". Conéctese con sus instintos. Si usted escucha esa voz interna, probablemente no volverá a cometer errores. Si por alguna razón usted está inseguro o incómodo con la idea de contratar a alguien, no debería contratarlo. Tarde o temprano usted se dará cuenta que esa voz interna o "sentir de sus entrañas" era correcto. Nunca vaya en contra de su intuición.

El método de los 20 años

Si aún necesita ayuda para tomar una decisión, intente con el método de los 20 años. Imagine que usted estará yendo a su trabajo y verá a esta persona día tras día durante los siguientes 20 años. Suponga que esta persona va a ser parte permanente de su vida laboral por el resto de su carrera. ¿Cómo se siente al respecto? Cuando se haga esa pregunta, se dará cuenta si le agrada o no la idea de tener que trabajar con esta persona por las siguientes dos décadas. Este método le dará una idea de la decisión correcta que necesita tomar.

Usted también puede usar "el método del miembro de familia". ¿Cómo se sentiría al traer a esta persona a cenar con su familia un domingo en la noche? ¿Se sentiría cómodo teniéndola sentada a la mesa con su familia? ¿Estaría contento si sus hijos trabajaran para esta persona? Si no, ¿por qué no?

La regla dice que entre más tiempo se tome para decidir, mejor será su decisión. Su habilidad para contratar a la persona adecuada para su equipo es una de las más importantes destrezas que usted debe desarrollar como gerente o dueño de su negocio. Y afortunadamente, irá mejorando cada vez más si se toma su tiempo, implementa las ideas propuestas en este capítulo y revisa constantemente sus decisiones al contratar para ver qué tal estuvieron.

Ejercicios prácticos

1.   Identifique la mejor gente que ha trabajado para usted. ¿Qué tenían ellos en común?

2.   Piense en la peor clase de gente que ha trabajado para usted. ¿Qué tenían ellos en común?

3.   Busque la opinión de su equipo de trabajo. ¿Cuál es la mejor ventaja que usted obtiene al involucrarlos en sus decisiones de contratar?

4.   Describa (en una hoja) los aspectos más importantes que usted necesita tener en cuanta al contratar a alguien.

5.   Evalúe los logros previos del candidato y tómelos como los indicadores de sus logros futuros dentro de su empresa.

6.   Haga una lista de todas las cualidades y características que usted quiere en su candidato ideal para un cargo específico. ¿Cuál es la más importante?

7.   Reflexione sobre la siguiente pregunta: ¿Hay alguien que trabaje para usted actualmente, a quien conociéndole como le conoce, no volvería a contratar?

CAPÍTULO OCHO

Los resultados dicen todo

> "Si usted va a trabajar en sus metas,
> sus metas trabajarán con usted. Si usted va
> a trabajar en su plan, su plan trabajará con
> usted. Todo lo bueno que construyamos,
> terminará por construirnos".
>
> —Jim Rohn

En este libro, usted ha aprendido cómo motivar a sus empleados, cómo construir su autoestima, su ideal de sí mismos, su autoimagen, los ha alejado de sus temores para hacerlos sentir ganadores. Sin embargo, como gerente y líder, usted no está haciendo todo eso únicamente para hacer que la gente se sienta bien acerca de sí misma. Su meta —su logro gerencial— también es obtener resultados.

Los resultados dicen todo.

Los resultados son el comienzo, el intermedio y el final de toda organización. Usted obtiene resultados al combinar los talentos y habilidades de un grupo de individuos para lograr metas que no serían posibles de alcanzar por una sola persona trabajando aislada. No importa cuánta gente se quiera a sí misma o se sienta importante en su empresa si los resultados que usted plantea no se cumplen.

Recuerde que usted no es un porrista ni un entrenador. Usted es un gerente y un líder. Su responsabilidad es obtener resultados.

Todo comienza con usted

¿Qué resultados se esperan de usted? De todos esos resultados, ¿cuál es el más importante? Si usted sólo lograra alcanzar un resultado excelente, ¿cuál sería ese resultado? ¿Cuál es ese resultado que usted debe alcanzar para asegurar el éxito de su negocio o área?

Los resultados son específicos y medibles dentro de un cronograma delimitado. Deben ser sencillos y tan claros que sea posible explicárselos a un niño. Einstein dijo alguna vez: "Si usted no sabe cómo explicarle lo que está intentando hacer y alcanzar a un niño de seis años, entonces probablemente usted tampoco tiene claro lo que quiere lograr".

Piense con papel y lápiz a la mano. Haga una lista de todos los resultados que espera alcanzar desde su posición. Organícelos por prioridades. Seleccione cuál sería aquel resultado que de alcanzarlo, tendría un gran impacto en su carrera y en su éxito como ningún otro resultado en particular.

Planee resultados medibles

¿Cómo sabrá que ha alcanzado resultados? Si el resultado es grande o a largo plazo, ¿cuáles son los resultados parciales o las medidas que ha alcanzado, los pasos que ha dado para alcanzar ese resultado final de manera óptima? El mismo proceso de planear los pasos que necesita seguir para lograr su meta exitosamente simplifica y acelera el proceso de realización de su meta máxima. Como dijo Henry Ford: "Cualquier meta se puede alcanzar si se divide en pasos lo suficientemente pequeños".

Vaya tras la excelencia. Planee metas grandes y audaces para usted y para su equipo. "Sueñe en grande. Sólo sueños grandes tiene la fuerza de mover el alma del ser humano".

Inclusive si usted está comenzando u operando un negocio pequeño, o está encargado de una parte de un negocio, imagínese lo que tendría que hacer para alcanzar fama mundial y dominar el mercado.

Cuando hablo con empresarios y futuros dueños de negocios, ellos continuamente me preguntan qué necesitan hacer para tener éxito. Yo les explico repetidamente que los resultados significan todo. Usted debe mantenerse con la mente enfocada en un sólo objetivo y ese debe ser obtener los resultados más importantes de los cuales usted sea responsable.

Las promesas que usted hace

La única pregunta que un cliente en potencia tiene para hacerle es: "¿Funciona?" ¿Su producto o servicio cumple con el propósito y los beneficios que usted promete repetida y consistentemente, una y otra vez? La definición de calidad según Bill Crosby es que "su producto o servicio sirve para lo que usted dice que sirve desde cuando usted lo vende y de ahí en adelante". La "calidad de su fama" corresponde al porcentaje de veces que usted ha cumplido su promesa.

Mi definición favorita de *marca* es cuando esta se compone de dos aspectos: la promesa que usted hace y la promesa que usted mantiene. Su marca personal, la cual consiste en la forma en que la gente piensa y habla sobre usted y es el determinante crítico de su éxito y recompensas, está construida por las promesas que usted hace, en términos de los resultados que usted quiere alcanzar, y en las promesas que usted mantiene, las cuales son esos resultados que usted ofrece constantemente.

La claridad es esencial y la consistencia es la clave. Si usted pudiera alcanzar un solo resultado consistentemente, una y otra vez sin desfallecer, ¿cuál sería el que más le ayudaría, tanto a usted como a su negocio? ¿Qué único resultado tendría el impacto más positivo en su negocio? El que quiera que sea, escríbalo, haga un plan y enfóquese en alcanzar ese resultado día tras día.

La Ley del tres

Trabajando con miles de personas de negocios he descubierto que existe la Ley del tres en la gerencia de los negocios. A mayor escala, existen sólo tres cosas que hace su empresa que tienen el 90% del valor, las ventas, ingresos, egresos, ganancia y crecimiento de su negocio. Esos tres resultados que usted obtiene de sus clientes cambian en la medida en que la economía, los mercados y las preferencias de los clientes también cambian, pero generalmente son sólo tres. Por ejemplo, esos tres pueden ser (1) la creación de un nuevo producto o servicio: (2) mercadeo agresivo y efectivo; y (3) buen servicio al cliente. En tiempos de turbulencia, cuando usted experimenta resistencia o estancamiento en el mercado, es importante que usted saque un tiempo aparte para identificar esos tres resultados críticos por los cuales los clientes más se interesan y más pagan por disfrutar, comparados con otros negocios de su misma línea que están compitiendo por el dinero del mismo cliente.

Adicionalmente, parece que usted podría alcanzar un resultado más alto y dos resultados complementarios que son esenciales para alcanzar el resultado principal. ¡Cuáles son ellos en el caso de *su* negocio? Por ejemplo, el resultado clave podría ser el volumen de ventas y los resultados complementarios podrían ser, uno, el mercadeo efectivo para atraer prospectos de clientes calificados; el otro resultado complementario sería obtener ventas efectivas para convertir a estos prospectos en clientes.

Su gran Ley del tres en el área personal

En su trabajo personal, la Ley del tres también aplica. Dice que sólo hay tres cosas que usted hace que constituyen el 90% de la contribución que usted le hace a su negocio. ¿Cuáles son esas tres cosas?

Entonces, de acuerdo a esta ley, fuera de esas tres cosas más importantes de realizar para alcanzar sus resultados, todo lo demás —o la mayoría de las actividades— contribuye en el 10% restante o casi en nada en términos de resultados reales. Lo triste es que la mayoría de la gente emplea el 90% de su tiempo en actividades que contribuyen muy poco y luego se preguntan por qué el progreso que logran es tan reducido.

Dos riesgos que eliminar

Existen dos riesgos mentales que se interponen en su camino y en el de su equipo cuando se encuentran trabajando de manera eficaz y cumpliendo las metas más importantes que usted necesita para satisfacer a la mayoría de sus clientes. Estos riesgos son (1) la zona de comodidad y (2) el camino de menor resistencia.

1. *La zona de comodidad.* La gente cae en una zona de comodidad tan natural y fácilmente como eligen o mezclan el café, en la misma forma, día tras día. La mayoría de lo que usted hace —por lo menos el 95%— está determinado por sus *hábitos.* Existe un dicho: "Los buenos hábitos son difíciles de formar pero sus resultados son fáciles de disfrutar. Los malos hábitos son fáciles de formar pero sus resultados son difíciles de disfrutar".

Los hábitos son buenos porque ellos nos habilitan para realizar actividades rutinarias de manera fácil y automática sin pensarlas mucho. Esta clase de hábitos liberan nuestra mente para hacer un trabajo más complejo y demandante, el cual requiere de creatividad e iniciativa, y no puede cumplirse dentro de una manera rutinaria o simplemente por estar en movimiento.

Sin embargo los hábitos pueden autosabotearnos cuando entramos en la rutina de hacer las cosas de poco valor en el trabajo en lugar de disciplinarnos para trabajar en esas pocas cosas que realmente marcan la diferencia.

Todo cambio e incremento requiere que usted se salga de la zona de comodidad de trabajar en tareas pequeñas, fáciles, divertidas e (infortunadamente) irrelevantes y comience a disciplinarse para trabajar de manera consciente enfocándose de lleno en esas *tres actividades* que de verdad contribuyen a darle valor a su negocio y a usted mismo. La zona de comodidad es como la Ley de Gravedad. Está jalándolo hacia abajo constantemente hacia las cosas que usted ha hecho en el pasado, aunque esas actividades ya no sean de ayuda ni útiles.

La razón por la que cualquier cambio, inclusive positivo, en el que toda persona está de acuerdo, es tan difícil porque la gente está atrapada en su zona de comodidad y naturalmente se resiste a hacer algo nuevo o diferente.

2. *El camino de menor resistencia*. Este segundo riesgo es el hermano gemelo de la zona de comodidad; los dos van juntos y se ayudan mutuamente. El camino de menor resistencia es quizás el mayor de los enemigos del éxito personal y en los negocios. Significa que la gente tiende a buscar la manera más fácil y rápida para conseguir lo que quiere, en el mismo instante sin considerar las consecuencias de sus actos a largo plazo. En otras palabras, la mayoría de la gente busca la forma menos esforzada de hacer una tarea para alcanzar un resultado.

Esta tendencia es útil cuando se trata de encontrar caminos rápidos, mejores, más económicos y convenientes para desarrollar una actividad, idear productos y servicios y satisfacer al cliente. Pero es peligroso cuando causa que la gente busque atajos, se apresure y consuma la mitad del tiempo disponible en charlas con compañeros, navegando en internet, tomando largos descansos y almuerzos o haciendo negocios personales y otras actividades que no contribuyen en nada a los resultados para los cuales los miembros de un equipo son contratados.

La única manera en que usted puede abolir este riesgo o escapar de él, es estando alerta de su existencia. La zona de comodidad y el camino de menor esfuerzo son una señal de que usted debe permanecer alerta cada minuto, día a día. Usted debe resistir consciente y continuamente estas tentaciones y mantenerse enfocado en hacer esas pocas cosas que marcan la gran diferencia en su vida y en su carrera.

Planee para obtener resultados

El siguiente es un ejercicio sencillo: haga una lista de todos los resultados que se esperan de usted. Luego pregúntese si pudiera alcanzar *un solo resultado* de esta lista de manera excelente y consistente una y otra vez, ¿cuál resultado le aportaría la mayor contribución a su negocio?

Haga un círculo alrededor de esa tarea o actividad. Luego pregúntese otra vez: "Si sólo pudiera alcanzar *dos* resultados de esta lista, ¿cuál sería el segundo más importante que podría cumplir? Haga un círculo alrededor de ese también.

Luego haga ese mismo ejercicio una vez más. ¿Cuál sería *el tercer* resultado en su lista que podría traer una gran contribución a su negocio?

Al hacer este ejercicio se sorprenderá de ver qué tan importantes son estos tres resultados y qué tan secundarias e irrelevantes son las otras tareas y actividades que aparecen en su lista.

La segunda parte del ejercicio es obvia. Haga una segunda lista de todo lo que podría hacer en el transcurso del día o del mes para alcanzar los resultados más importantes que se esperan de usted. Escriba todas sus tareas y actividades, desde el lunes en la mañana hasta el viernes en la tarde y a lo largo de sus días y semanas. Una vez que su lista esté completa, revísela y pregúntese: "Si pudiera cumplir *sólo una tarea* en esta lista, ¿cuál de ellas tendría mayor impacto para alcanzar los resultados que se esperan de mí?".

Haga un círculo alrededor de esa tarea. Luego repita el ejercicio preguntándose: "Si pudiera realizar una *segunda tarea* que me ayudara a obtener la máxima contribución para mi negocio y para mí, ¿cuál sería?".

Haga un círculo alrededor de ella y repita el ejercicio por tercera vez para buscar su *tercera tarea* más importante.

La parte final de este ejercicio es muy simple. Una vez obtenidos los tres resultados que más quiere obtener y las tres tareas más importantes para conseguirlos, seleccione una actividad que sea de mayor importancia y comience a trabajar en ella de inmediato. Luego, autodisciplínese para trabajar enfocándose para cumplirla aun si le toma muchas horas y esfuerzos para lograr poner a un lado todo lo demás hasta culminarla.

La clave del éxito

En décadas de investigaciones acerca de la efectividad, eficiencia y rendimiento personal, he encontrado que este sencillo ejercicio de tres partes es la clave de todo éxito y logro. Es la clave para lograr un mejor pago y ser promovido rápidamente. Más que ninguna otra cosa, es la clave para alcanzar altos niveles de autoestima, autorrespeto y orgullo propio. Le recomiendo que lo haga especialmente si usted quiere convertirse en la persona más valiosa posible.

Cuando usted está trabajando en la meta más importante que podría estar logrando, se siente feliz y mejor acerca de sí mismo. Su cerebro libera endorfinas, las cuales le dan una sensación de libertad y lo vuelven más creativo y abordable. Usted descubre que tiene una corriente interminable de energía que lo mueve hacia un mayor nivel de desempeño. El hábito regular de empezar y terminar sus tareas más importantes desata su potencial y lo capacita a pararse en el pedal acelerador de su carrera.

Mantenga enfocado a su equipo de trabajo

Cuando haya realizado este ejercicio de determinar los resultados para los cuales usted ha sido elegido y escoja las actividades más importantes para alcanzar dichos resultados, su siguiente paso es diseñar y estructurar su compañía o área de trabajo designada de tal manera que todos a su alrededor hagan lo mismo. Ayúdeles a determinar sus tres resultados más importantes y las tres actividades o tareas definitivas para lograr esos resultados, así como aquella primera tarea en la que cada uno debe comenzar a trabajar de inmediato para hacer la mayor contribución a su negocio.

Usted siempre debería empezar su proceso de planeación o replaneación definiendo los cargos y los resultados que espera. La razón para eso es que a veces una sola persona puede alcanzar varios resultados de su lista. Entonces busque a esa persona que tenga esa mezcla de habilidades y experiencia específicas para desarrollar tareas múltiples. Este punto es importante cuando usted se encuentra comenzando a construir un negocio y es igualmente importante en tiempos de recortes del presupuesto y restricción de recursos.

Coordine las habilidades con los resultados requeridos

Cuando haya definido los resultados requeridos para cumplir la meta para la cual usted ha sido responsabilizado, haga la lista de las habilidades específicas que uno o más de sus colaboradores necesitan tener para alcanzar los resultados planteados. De nuevo, dependiendo de su presupuesto y de sus circunstancias, la mejor manera de actuar es buscando una persona multifacética que sea capaz de cumplir resultados múltiples. Con frecuencia es una buena idea estar dispuesto a pagar más por esa clase de persona que pensar en contratar dos o más para hacer el trabajo.

Intente este otro ejercicio: para definir claramente los resultados exigidos, trate de escribirlos en notas autoadheribles, fáciles de ubicar en un tablero o cartelera frente a su escritorio. A veces es posible hacerlas con títulos extendidos a lo ancho de la parte superior de su cartelera. Esos son los resultados esperados. Luego, para definir las habilidades necesarias para alcanzar esos resultados utilice notas más pequeñas y lístelas de manera vertical debajo de cada resultado correspondiente.

Con este mapa visual de los resultados y las habilidades, organice el orden de prioridades. ¿Cuál es más importante? ¿Cuál es esencial? ¿Cuál es útil pero no esencial?

Al crear esa imagen visual de los resultados deseados y las habilidades necesarias para alcanzarlos, entonces usted tiene la oportunidad de mover sus notas autoadhesivas hasta tener una definición clara del trabajo que necesita realizar y de las habilidades comprobadas que la persona encargada deberá tener para lograr la meta con excelencia.

Determine quién va a hacer qué

Usted va a tener que decidir, ya sea que uno o más de los trabajos que necesitan realizarse sean combinados y ejecutados paralelamente por la misma persona. Piense siempre en términos de expandir las responsabilidades de un cargo específico en lugar de expandir su fuerza de trabajo.

Cuando usted comienza un nuevo negocio o área de este, es importante que defina el trabajo que debe hacerse antes de determinar con exactitud quién lo hará. Por ejemplo, cuando dos o más socios comienzan un negocio, o cuando usted lo empieza y ya tiene uno o más empleados, usted define todas las funciones por ejecutar. Luego, basado en la experiencia y habilidades de cada individuo, decida cuál de sus colaboradores es el más calificado para desempeñar cada función o funciones.

Cuando William Hewlett y David Packard conformaron Hewlett–Packard Company en Palo Alto, California, en 1948, los dos eran ingenieros con amplia experiencia. Pero ellos decidieron desde el principio que Hewlett se enfocaría en desarrollar productos, como su primer osciloscopio, y Packard se enfocaría en mercadear los productos. Hewlett trabajaría hacia adentro; Packard lo haría hacia afuera. Esa división de responsabilidades determinada desde la fundación de la compañía ha permitido que Hewlett–Packard crezca para ser una empresa líder a nivel mundial con 120.000 empleados. Esta compañía (ahora conocida solamente como HP) todavía utiliza los mismos principios para definir los cargos en términos de las responsabilidades requeridas para cada cargo y después ubican a la persona más adecuada y capaz de alcanzar los resultados planeados.

La gran pregunta

A medida que usted construye su negocio, algunas de las preguntas más importantes que cada miembro de su equipo hace es:"¿Por qué estoy en la nómina? ¿Para qué exactamente he sido contratado? De todo lo que se espera de mí, ¿qué es lo más importante?".

Usted debería enseñarles la Ley del tres y ayudarles a todos los que trabajan para su negocio a analizar el trabajo de cada uno de ellos y a determinar las tres actividades más importantes que tendrían que realizar día tras día, que le hagan la mayor contribución a su negocio. Haga que sus colaboradores elaboren una lista de todo lo que hacen desde el comienzo hasta el final del mes para que luego la organicen por prioridades, basados en su evaluación personal. Haga que cada miembro del personal traiga la lista y la comparta con usted para que los dos discutan las conclusiones a las que llegó su empleado y comente sobre la evaluación de sus prioridades y de los resultados que se esperan de él.

Es absolutamente sorprendente que muchos gerentes no tengan verdadera claridad acerca de *por qué* cada miembro del equipo se encuentra en la nómina. Ellos tienen un conocimiento general de la descripción de cada cargo pero no son lo suficientemente claros en la gran pregunta: ¿Por qué?

Conserve su empleo

Con frecuencia, cuando dirijo mis discursos a grupos de gerentes, les propongo un juego llamado "Conserve su empleo". Les digo que tan pronto les explique las reglas ellos deben decidir si les gustaría o no jugar.

Estas son las reglas: primera, les pido a todos los que deciden jugar que hagan la lista completa de todas las personas que deben reportarse con ellos. Luego, los gerentes harán la lista de las tres actividades más importantes para las cuales cada persona de su lista fue contratada y debe realizar, junto con sus tareas prioritarias en orden de importancia.

Cuando la gente ha sido identificada y sus tres actividades más importantes ya están en la lista al frente de cada nombre, la siguiente parte del juego es sencilla. Les digo que se sienten y esperen en el salón mientras yo voy y hablo con sus colaboradores para pedirles que escriban por qué creen que están en la nómina y las tres actividades más importantes para las cuales han sido contratados. Si las respuestas de cada uno de los miembros del personal son las mismas que las que cada gerente escribió, esos gerentes que acertaron van a "conservar su empleo".

Luego pregunto: "¿A cuántos aquí les gustaría jugar?".

En varios años de presentar este juego y sus reglas nunca ha habido un gerente que levante la mano para participar.

Quizás la más poderosa de todas las motivaciones, como lo repito una y otra vez, es que cada individuo tenga claridad y esté seguro exactamente de lo que se espera de él, así como el orden de las que van a ser sus prioridades. Lo más amable y útil que usted necesita hacer para incrementar la productividad, el rendimiento y la moral de inmediato, es tomarse el tiempo para sentarse con los miembros de su equipo, uno por uno, y revisar sus responsabilidades para ayudarlos a tener prioridades claras de lo que es más y menos valioso de realizar.

Por qué es un deber aclarar continuamente

En mi empresa y en muchas otras que conozco y con las cuales he trabajado, especialmente en tiempos de cambios rápidos y turbulencias, cuando la descripción del cargo se vuelve obsoleta, casi tan pronto como la tinta con la que la escribieron se seca, generalmente buscamos un momento específico para analizar a fondo esta esencial pregunta "¿Por qué estoy en la nómina?".

Esta es la forma en que funciona. Cada empleado deberá escribir la descripción de su cargo en la cual anotará primero la lista de sus responsabilidades primarias, generalmente entre tres y cinco. Esas son las razones más importantes por las cuales fueron contratados y aparecen el la nómina. Son las contribuciones más importantes que ellos van a hacerle a la empresa.

La segunda lista es llamada "responsabilidades secundarias". En ella cada empleado escribe las tareas más pequeñas que hacen y que son complementarias y no son la parte importante de su trabajo, pero aun así son tareas y actividades por las cuales ellos son responsables y deben cumplirlas cada vez que se les requiera o sea necesario hacerlas.

Tan sencillo como contestar el teléfono

A veces una responsabilidad secundaria puede ser algo tan sencillo como contestar el teléfono. Por ejemplo, varias veces cuando yo estaba viajando llamaba a mi oficina. Después que el teléfono sonaba varias veces, mi llamada era transferida al contestador automático de la oficina diciendo: "Deje su mensaje después del tono".

Ya que nuestro negocio, como muchos otros negocios, depende principalmente de contestar las llamadas de los clientes que quieren hacer sus pedidos, mi fracaso de no tener la posibilidad de que me contestaran en mi propia empresa cuando yo llamaba fue un hecho por el cual me preocupé. Cuando regresé de mi viaje reuní a los miembros de mi equipo y les expliqué mi experiencia. Les dije que si el dueño de la compañía no logró que le contestaran sus teléfonos durante las horas laborales, lo mismo debía estar pasándoles repetidas veces a los clientes que llaman a hacer sus pedidos. Esa situación nos cuesta dejar de hacer ventas y perder mucho dinero (sin mencionar el daño en la reputación de la empresa). ¿Qué estaba ocurriendo?

Todos son inocentes

Después de muchas miradas entre sí a lo largo y ancho de la sala de conferencias, de murmullos y comentarios a medio entender, descubrimos cuál era el problema: todos pensaban que estaban haciendo su trabajo exactamente de la manera en que se les había instruido. Nadie se sintió responsable por este problema porque a ninguno se le dijo que una de sus responsabilidades secundarias era contestar el teléfono cuando la recepcionista o alguien encargado de la atención al cliente no pudieran contestarlo rápidamente.

En mi experiencia, cuando hay un problema como este, causado por una pobre instrucción de parte del gerente o por malentendidos entre los miembros del personal, nadie tiene realmente la culpa. Nadie es culpable. No hay a quién culpar ni disciplinar. La responsabilidad secundaria de contestar el teléfono en este caso fue algo que se descuidó y nadie estaba al tanto de ello. Era un problema que simplemente necesitaba resolverse y con rapidez.

Acordamos de inmediato que los teléfonos serían contestados en una secuencia específica. Cuando el teléfono sonara la primera vez, la recepcionista contestaría y luego le transferiría la llamada a la persona solicitada. Si la recepcionista no estaba cerca en el momento de una llamada o se encontraba muy ocupada, alguien más sería específicamente asignado para contestar el teléfono durante esa circunstancia. Si el teléfono sonaba tres veces, indicando que las dos personas ya encargadas estaban ocupadas contestando otras llamadas, alguien más ya estaría asignado para contestar la llamada entrante. Adicionalmente, si la gente encargada iba a estar lejos de su escritorio o no podía contestar el teléfono, dichas personas tendrían la responsabilidad de alertar a otros para que ahora ellos asumieran esa segunda responsabilidad de contestar las llamadas. En pocas horas el inconveniente se solucionó y no volvió a aparecer nuevamente.

Todos entienden el trabajo de todos

Cuando todos los empleados han escrito la descripción de su trabajo con la lista de sus responsabilidades principales en la parte superior de una hoja y la lista de las responsabilidades secundarias en la parte inferior de la misma hoja, todos deben sacar fotocopias para distribuirlas entre todos. Después nos reunimos y cada uno le entrega la descripción de su trabajo a los demás.

Luego las revisamos en grupo. Uno por uno describen sus funciones, el orden de sus prioridades, lo que hacen exactamente para alcanzarlas, así como problemas y dificultades que están afrontando. Cada miembro del equipo es libre de preguntar o hacer comentarios sobre la descripción del cargo de sus compañeros. Al final de la discusión, todos tienen claridad total acerca de lo que se espera de esa persona y en qué orden de prioridades.

Luego continuamos con la segunda persona. Cuando ella ha descrito su trabajo y este ha sido discutido cuidadosamente y evaluado por el equipo, pasamos a la tercera persona y así sucesivamente. Al final de la reunión, todos tienen claridad acerca de lo que cada uno de sus compañeros está haciendo, en qué orden de prioridades y la forma en que cada cargo será evaluado.

Las preguntas abiertas eliminan las confusiones y contradicciones

Cuando usted conduzca este ejercicio por primera vez, se sorprenderá con tantas confusiones, contradicciones y falta de claridad acerca de lo que cada miembro está haciendo. Algunos tendrán la impresión de que lo que es la responsabilidad primaria de otra persona, era su propia responsabilidad. Otros aprenderán que lo que ellos pensaban que era su responsabilidad primaria no está ni siquiera en la descripción de su cargo porque le pertenece a alguien más. Y habrá quienes se darán cuenta que lo que ellos creían que era una responsabilidad secundaria es precisamente la razón principal por la que fueron contratados y son parte de la nómina.

En el transcurso de la discusión, todas esas inconsistencias se resuelven y afrontan con una mentalidad abierta. Al final de la reunión todos los empleados deben tener total claridad de dónde se encuentran ubicados, la importancia de su cargo, y por encima de todo, entienden lo que los demás están haciendo —al igual que su orden de prioridades.

Cada vez que usted vea que debido a los continuos cambios de la descripción de los cargos y responsabilidades, ciertos propósitos comienzan a dejar de cumplirse, ya sea que no se realicen o se hagan de manera débil, usted necesita volver a citar a su equipo para una reunión de "¿Por qué estoy yo en la nómina?". Los resultados de estas reuniones le ahorrarán una fortuna en pérdida de tiempo y esfuerzos, sin mencionar los costos por pérdida de ventas, clientes y negocios.

Cinco claves para obtener alto rendimiento

Existen cinco claves para construir un ambiente de trabajo de alto rendimiento. Estos cinco factores han sido identificados en investigaciones exhaustivas y se han puesto en práctica en pequeñas y grandes empresas con el paso de los años. Son simples y fáciles de aplicar y deberían ser parte de su visión acerca del negocio ideal y de un ambiente de trabajo motivador.

1. *Metas y objetivos compartidos.* Cada persona necesita saber con exactitud por qué existe la compañía o el área de esta a la cual pertenece, así como lo que está tratando de lograr, sus metas y objetivos más importantes y la razón de su existencia.

Si su equipo tiene oportunidades para discutir, debatir y estar en desacuerdo con las metas y objetivos del negocio, mayor es la claridad que cada quien tiene acerca de por qué está dentro de la nómina de la empresa y mayor compromiso habrá para trabajar con los demás en función de cumplir las metas y alcanzar los resultados deseados.

2. *Valores compartidos.* Todos en el equipo deberían tener claridad acerca de los principios y valores básicos que de-

terminan la forma en que los miembros deben interactuar y relacionarse entre sí. Estos valores siempre existen a un nivel u otro, ya sea explícitamente o de forma sobrentendida. Pero necesitan ser explícitos para todos.

Cuando usted escribe estos valores y virtudes y discute lo que son y lo que significan, y especialmente la forma en que serán puestos en práctica en el día a día, dramáticamente se eleva el nivel de compromiso hacia esos valores y mejora el agrado de cada uno de los miembros por trabajar en un ambiente en el cual estos son implementados. Este es un ejercicio apto para clarificar el tema de los valores:

- Proponga a los miembros de su equipo que traigan a la siguiente reunión una lista de los cinco valores que cada uno considera los más importantes y que por lo tanto deberían gobernar la interacción y relaciones interpersonales en el ambiente laboral. Léanlos y designe a alguien para que vaya tomando nota de todos en un lugar visible a todos. Al hacer esto se darán cuenta que muchos de esos valores se repiten constantemente —valores tales como integridad, calidad, excelencia, respeto por los demás, responsabilidad y otros.

- Seleccione de tres a cinco valores. A medida que cada uno va leyendo su lista de valores, coloque una marca cada vez que un valor sea nombrado de nuevo. Al final del ejercicio entre tres y cinco valores serán los más populares de la lista. Organicen entre todos de mayor a menor esos valores más destacados y esa será la lista de los valores de su lugar de trabajo.

- Discuta con todo el equipo cómo pondrán en práctica los valores seleccionados en la vida diaria de su empresa. Discutan la importancia que tienen valores como la honestidad, el respeto hacia los demás, la aceptación de la responsabilidad, la calidad del trabajo, la puntualidad, entre otros.

- Haga un consenso. Cuando todos hayan contribuido con sus opiniones acerca de los valores que cada uno considera esenciales, hagan un consenso sobre la forma en que el equipo propone que se deben poner en práctica los valores y lleguen a un acuerdo al cual todos se comprometan a cumplir. Desde ese momento en adelante todos estarán sujetos a ponerlos en práctica en todo lo que hagan. Esta es una motivación poderosa de comportamiento y le permite a usted resolver problemas y tomar decisiones mucho más rápidas que si esos valores fueran confusos e indeterminados.

3. *Planes de acción compartidos.* Este punto nos regresa a la pregunta "¿Por qué estoy en la nómina?". Para dar el máximo de rendimiento es importante que cada miembro del equipo sepa lo que todos los integrantes del equipo de trabajo deben estar haciendo, en qué orden de prioridad y bajo qué cronograma. En la medida en que el equipo tenga claridad en relación con el trabajo que todos alrededor se encuentran desarrollando, en esa misma medida todos trabajarán con positivismo y motivación.

Adicionalmente, todos serán mucho más cooperadores y útiles entre sí al saber qué es lo que cada uno debe aportar al cumplimiento de las metas. Será más fácil reconocer cuando alguien está sobrecargado y haya necesidad de ayudarle. Habrá más sugerencias de cómo trabajar más rápido y mejor. A mayor claridad que cada persona tenga acerca de la función de los demás compañeros se culminará el trabajo, más rápido, más fácil y con menores errores.

4. *Lidere su equipo.* A partir de ese momento su trabajo como gerente es ayudar a su equipo a cumplir sus responsabilidades. En lugar de ser el "director de la orquesta" o el "sargento mayor", su labor es ser un "servidor", asegurarse que la gente tiene los recursos que necesita y remover de la mejor manera posible los obstáculos que se encuentran en

el camino para impedir el cumplimiento de las metas de su equipo.

Su pregunta principal como gerente debe ser: "¿Qué puedo hacer para ayudar?". Es obvio que usted tiene su propia función que ejecutar pero la más importante de sus labores como gerente es asegurarse que todos los demás están en posibilidad de hacer su trabajo de forma tan rápida y excelente como les sea posible. Al tomar usted el papel de "ayudador", todos lo ven como un compañero valioso dentro del ambiente de trabajo. Esto genera compromiso, dedicación y lealtad, así como el deseo de los demás por ayudarle a usted y colaborarse entre sí para tener éxito.

5. *Evaluación y aprecio continuos.* Los mejores equipos están compuestos por gente comprometida para hacer el mejor trabajo y triunfar. Si por cualquier razón algunos no están cumpliendo con sus responsabilidades o llevando su parte de la carga como debieran, los equipos excelentes afrontan esta clase de situaciones ampliamente y con honestidad.

Usted debería estar preguntando continuamente: ¿Cómo vamos? ¿Cómo va este negocio en cuanto a la clientela que utiliza sus productos y servicios? ¿Cómo vamos con respecto al buen funcionamiento del equipo como tal? Y por sobre todo, ¿Cómo podemos mejorar? ¿Qué deberíamos estar haciendo en mayor o menor cantidad para obtener mejores resultados? ¿Qué podríamos empezar a hacer o dejar de hacer para mejorar el rendimiento y la efectividad del equipo?

Todo en la vida, especialmente en el área laboral, es una serie de "dos pasos adelante y uno para atrás". Usted está recibiendo una retroalimentación constante y haciendo correcciones sobre la marcha. Ningún proceso es perfecto. Los errores y los malentendidos son una parte inevitable en el proceso laboral.

Piense en función de buscar soluciones

Quizás una de las actitudes más importantes que usted podría fomentar en usted mismo y en su equipo es la "orientación hacia la búsqueda de soluciones". Anime a su equipo a pensar continuamente en función de las soluciones a los problemas y obstáculos inevitables que ocurren a diario. En lugar de inventar excusas o buscar a quién culpar, usted debería encontrar la solución al problema, a lo que es necesario hacer de inmediato para superar la dificultad y continuar avanzando. En vez de preocuparse de qué salió mal y quién pudo o no haber hecho algo equívoco, todo el equipo debería pensar en cómo corregir la situación y hacer un progreso inmediato. De esa actitud emana automáticamente una visión del mundo más positiva, creativa y optimista que produce equipos de alto rendimiento y hace que la gente se sienta realmente feliz de ser parte de la organización.

Arme su equipo ideal

Su función como líder es tomarse el tiempo para pensar en la estrategia para armar su equipo de trabajo ideal. Piense en las metas a largo plazo que necesita cumplir y en los resultados específicos que debe alcanzar para cumplir dichas metas.

Identifique los talentos y habilidades que requerirá su equipo para alcanzar esos resultados que usted busca y por los cuales tanto usted como ellos serán responsables. Contrate gente teniendo en cuenta la personalidad más que la competencia técnica. Si duda, busque siempre individuos que se acoplen bien al resto del equipo, que se lleven bien con los demás y sean populares dentro del grupo de trabajo.

Un equipo de gente positiva y feliz, que trabaja unido, que tiene unas metas y objetivos claros, es capaz de cumplir metas extraordinarias, inclusive en contra de una enorme competencia en el mercado. Su habilidad para diseñar su equipo de trabajo ideal y de trabajar continuamente para ayudarlo a lograr el más alto desempeño, es quizás la contribución más grande que usted puede hacerle a su negocio.

Ejercicios prácticos

1. Si su equipo hubiera sido perfecto y logrado el mejor trabajo obteniendo los más importantes resultados por los cuales usted es responsable, ¿cuál sería hoy la diferencia?

2. ¿Cuáles son los tres resultados más importantes por los cuales usted ha sido responsable en el pasado?

3. ¿Cuáles son los tres resultados más importantes por los cuales usted personalmente es responsable en este momento?

4. ¿Cuáles son las tres tareas más importantes que usted realiza que marcan la mayor diferencia en su negocio y en el cumplimiento de su éxito personal?

5. ¿Quiénes son las personas más importantes para usted y cuáles son las tres labores más importantes que ellas realizan para obtener resultados importantes? ¿Las saben ellos? ¿Le gustaría jugar a "Conserve su trabajo"?

6. ¿Qué cambio inmediato debería hacer que le ayudaría a crear un equipo mejor y más productivo?

7. Organice una reunión extraordinaria para preguntar "¿Por qué estoy yo en la nómina?". Ayude a sus colaboradores a tener absoluta claridad sobre sus responsabilidades primarias y secundarias.

CAPÍTULO NUEVE

Sea lo mejor que puede ser

"Si hiciéramos todo aquello de lo cual
somos capaces, nos asombraríamos
a nosotros mismos".

—Thomas Edison

Todas las técnicas y conocimiento del mundo no alcanzarán para motivar a aquellos que no tienen confianza en sus habilidades y visión de liderazgo. Los halagos sirven de motivación —a no ser que vengan de un líder que no tiene el respeto de sus subalternos. Un gerente que es visto como perdedor frente a su personal o fuerza de trabajo, nunca logra construir la autoestima de su equipo porque cualquier cosa que diga o haga no tendrá importancia.

En este último capítulo me enfocaré en usted, el líder. Le diré lo que necesita hacer para convertirse en el mejor líder y gerente que le sea posible. Prepárese para aprender los 17 principios de liderazgo más efectivos. Si usted se adhiere a ellos ganará el respeto y la admiración de sus empleados y colegas al convertirse en uno de las líderes más eficientes, efectivos, productivos y admirados de la organización.

La gestión gerencial es una habilidad que se aprende

Durante los últimos treinta años he trabajado con más de mil negocios, grandes y pequeños, con empresarios principiantes hasta los que pertenecen al grupo de *Fortune 500*. En todo caso, he estado buscando el tan anhelado "secreto del éxito" en el área gerencial, así como la respuesta a esta pregunta: ¿Por qué existen unos gerentes más exitosos que otros?

Lo que he aprendido es que la labor gerencial es una profesión. Es tanto una ciencia como un arte. Está basada en una técnica y una metodología. Hay ciertas cosas, que de hacerlas, le traerán resultados extraordinarios como gerente en ejercicio de su labor, a tiempo y según lo establecido.

Y lo que los gerentes exitosos han logrado, también está a su alcance. Nadie es mejor ni más inteligente que usted. La razón por la cual algunos gerentes se destacan más que otros es porque ellos han aprendido qué hacer y qué no hacer. Ellos han puesto en práctica estas lecciones una y otra vez hasta que aprendieron a dominarlas.

La base de su motivación debe consistir en querer ser el mejor líder y gerente que usted pueda ser. Usted se convierte en el motivador efectivo de otros sólo hasta cuando ha probado que es íntegro, inteligente, visionario, creativo, persistente y con un deseo continuo de mejorar y motivar a su equipo a hacer lo mismo.

Tres claves de orientación

Todos los gerentes exitosos tienen tres claves de orientación. La primera es que están siempre *orientados hacia los resultados*. Están intensamente enfocados en que el trabajo siempre se haga y con excelencia. La segunda clave consiste en que ellos viven *orientados hacia obtener soluciones*. Son intensamente enfocados en encontrarles soluciones a todos los obstáculos y dificultades que ocurren en el diario vivir, en lugar de ocuparse en inventar excusas o culpar a otros. La tercera clave de todo gerente exitoso es que ellos son intensamente *orientados hacia tomar acciones*. Viven en constante movimiento, trabajan paseándose por todas partes y manteniendo las yemas de sus dedos puestas en el pulso de su negocio o área de trabajo.

Resueltos a moverse con agilidad

Cuando usted aprenda algo nuevo, decida actuar de inmediato para poner en práctica sus nuevos conocimientos. Existe una relación directa entre lo rápido que usted actúa respecto a una nueva idea y la posibilidad de que nunca haga algo para ponerla en práctica. Si le funciona, usted habrá aprendido una nueva habilidad. Si no le funciona, entonces usted buscará una retroalimentación que le permita corregir su práctica y continuar con el proceso.

A continuación encontrará los 17 principios gerenciales que necesita aprender para ponerlos en práctica en su empresa y con su equipo de trabajo.

Principio 1: La claridad es esencial

Quizás la mejor definición de gerencia es "obtener resultados a través de otros". Gerenciar no es hacerlo usted mismo con la asistencia de la gente que lo rodea. Gerenciar es lograr que el trabajo se haga a través de un equipo.

Como discutimos en el Capítulo Ocho, la mayor desmotivación en el mundo laboral es no saber qué se espera de uno. Por el contrario, la mayor motivación del ser humano es cuando sabe con exactitud qué se espera de él. Su principal responsabilidad como gerente es tener absoluta claridad de lo que usted está planeando hacer y cómo va a lograrlo para después hacer que esa meta se convierta en la responsabilidad de cada una de las personas que trabajan para usted, logrando que ellas también tengan total claridad de lo que usted espera de ellas.

Existe una regla relacionada con el uso del tiempo que dice que cada minuto invertido en planear ahorra 10 minutos de trabajo.

Cada minuto que usted invierte planeando y consiguiendo total claridad en sus metas y objetivos para después presentárselos a otros para discusión y retroalimentación, le ahorrará 10 minutos para obtener el resultado deseado.

El 80% de la totalidad de su éxito en los negocios y en su vida va a estar determinado por el grado de claridad en cada una de las áreas de su negocio y vida personal. Los gerentes efectivos saben exactamente lo que están tratando de lograr y todos los que trabajan para ellos también tienen tan claro como el cristal lo que se espera de ellos para contribuir al logro de las metas trazadas. Los gerentes ineficientes viven confundidos con sus responsabilidades y como resultado la gente bajo sus órdenes también se confunde. Esto termina en una enorme pérdida de tiempo, dinero y esfuerzo.

La claridad es el punto de inicio para convertirse en un gerente destacado.

Principio 2: Su competencia es fundamental

Sus subalternos no se motivarán a hacer lo que usted pide ni a seguir su liderazgo si tienen dudas acerca de su competencia como gerente y líder del grupo. Los demás deben ver que usted está comprometido con la excelencia en las cosas más importantes que usted hace. Específicamente, usted debe estar comprometido con usted mismo y con la organización a ser el mejor en las áreas críticas y más importantes para sus clientes.

Esa es la marca de los gerentes que se destacan. Son absolutamente dedicados a desempeñarse en su función de manera competente. Vivimos en el ambiente de negocios más competitivo de toda la Historia de la Humanidad y sólo aquellos individuos que ofrezcan productos y servicios excelentes sobrevivirán. Ese debe ser su enfoque primordial.

Comience por fijar estándares altos para su propio desempeño laboral. Usted debe dar el mayor ejemplo. Usted sólo puede pedirles a los demás que hagan aquello que usted ya ha demostrado que es capaz de hacer. Luego, fije estándares igualmente altos para su equipo de trabajo. Si es necesario, discipline fuertemente y prescinda de la gente incompetente.

Aprenda a aceptar retroalimentación y autocorrección

Los mejores gerentes siempre están pidiéndoles retroalimentación y nuevas ideas a sus clientes. Tanto los cumplidos como las quejas sirven para que usted sepa qué hacer más y qué hacer menos. Una de las características de los gerentes ágiles es que ellos saben aceptar la retroalimentación y la autocorrección. Ellos revisan continuamente su alrededor así como los radares escanean el horizonte, buscando formas de mejorar lo que están haciendo.

Esta es una pregunta para que usted se la haga y la conteste a lo largo de su carrera: ¿Qué es aquello en especial, que de hacerlo de manera excelente, tendría el impacto más positivo en el negocio?

Anote su respuesta a esa pregunta, haga su plan, fije unos estándares de rendimiento, organícese y comience a trabajar día tras día para desarrollar y cumplir esa meta de manera sobresaliente. Este compromiso en especial tiene la capacidad de cambiar su vida entera y el futuro de su negocio.

Principio 3: Identifique sus restricciones

Este es uno de los conceptos más importantes en la gerencia moderna. El principio de restricción dice que entre usted
y cualquier meta que quiera alcanzar hay una restricción que
afecta *la velocidad* con la que usted logre alcanzar dicha meta.
Esa restricción se conoce como cuello de botella o punto de
choque. A veces usted piensa que esa restricción es un factor
limitante entre dónde usted está y a dónde quiere llegar.

Por ejemplo, si usted quiere incrementar el volumen de
ventas, la restricción crítica podría ser el número de clientes
que usted necesita atraer a su negocio. O quizás la restricción
crítica sea la calidad de los clientes que atrae. O de pronto
sea la cantidad de reventas y referidos que logre obtener de
su clientela.

Los mejores líderes identifican exactamente la restricción
que está determinando qué tan rápido pueden alcanzar sus
metas. Entonces se disponen a preparar distintas tácticas o
estrategias para sobreponerse a tal restricción.

Restricciones internas *versus* externas

La regla 80/20 también se aplica a las restricciones. El 80%
de las restricciones que le impiden alcanzar sus metas, ya sean
personales o comerciales, vienen del *interior* suyo o de su
organización. Sólo el 20% son *externas*.

Este descubrimiento marca una gran diferencia entre los
gerentes de alto y el bajo rendimiento. Los gerentes de alto
rendimiento siempre comienzan por mirar al interior, a su
personal, a los procesos del negocio, su publicidad, sus ventas, el mercadeo y demás aspectos internos, en la búsqueda
de los factores que los están retrasando del cumplimiento
de sus metas. Los gerentes mediocres siempre justifican sus
problemas internos con sus restricciones externas. Pero esa
restricciones externas son rara vez la causa acertada.

Medite en estas preguntas: ¿Qué restricción en especial, si usted pudiera solucionarla, le ayudaría a avanzar más rápido que cualquiera otra? ¿Qué problema específico, si lograra resolverlo, lo ayudaría más a alcanzar las metas de su negocio más importante? ¿Qué meta en especial, si usted la alcanzara, le ayudaría más a su negocio?

Cualquiera que sea su respuesta a estas preguntas, comience por enfocar todas sus energías en solucionar sus restricciones lo más pronto posible porque al hacerlo cambiará el futuro de su negocio.

Principio 4: Utilice su creatividad

Los líderes que se sienten sobresaturados por los problemas e incapaces de alcanzar sus metas desmotivarán al resto del equipo. "¿Cuál es el propósito de intentarlo cuando hasta el jefe está desmotivado?" dirían su colaboradores. Los líderes más inspiradores no se amilanan ante las adversidades sino que las resuelven en el tiempo y la forma adecuados y siguen avanzando hacia sus metas.

Esta es una buena noticia: de acuerdo con toda la ciencia e investigaciones, usted es un *genio en potencia*. Dentro de usted hay una reserva increíble de poder cerebral que habitualmente no usa. Seguramente en este momento usted cuenta con el conocimiento necesario y la inteligencia suficiente como para sobreponerse a obstáculos, resolver problemas y alcanzar cualquier meta que usted quiera lograr.

Para desatar a su genio interior usted necesita tres cosas: (1) metas deseadas intensamente, (2) problemas apremiantes y (3) preguntas enfocadas. Una buena idea es todo lo que usted necesita para cambiar el futuro de su negocio y de su vida; usted estimula esas ideas enfocándose y concentrando su mente en sus metas, sus problemas o en sus preguntas primordiales.

El método de las 20 ideas

Este sencillo ejercicio puede cambiar su vida. Tome una hoja de papel y escriba en forma de pregunta en la parte superior su mayor meta o problema actual. Por ejemplo, "¿Cómo logro doblar las ventas de mi empresa en los próximos 24 meses?".

Luego oblíguese a escribir 20 respuestas a esa pregunta. La primera vez no es fácil de hacer. Sin embargo, si usted tiene la suficiente disciplina para escribirlas, se sorprenderá de la calidad de las respuestas que comienzan a aparecer frente a usted.

Cuando las tenga repase la lista y elija la respuesta que va a implementar de inmediato. Si la implementa al momento, más nuevas ideas vendrán a su mente.

Luego hágase esta pregunta con frecuencia: ¿Qué problema en particular, si le encontrara solución, tendría el impacto más positivo en mi negocio? Cualquiera que sea su respuesta a ese problema específico, escríbala, piense en 20 respuestas y luego actúe de inmediato. Se sorprenderá con los resultados.

Principio 5: Manténgase enfocado en un solo propósito

Algunas habilidades para triunfar como gerente y líder son útiles, pero otras son *esenciales*. Su habilidad para mantenerse enfocado en un solo asunto a la vez es quizás más importante que cualquier otra habilidad o disciplina que usted desarrolle a lo largo de toda su carrera.

¿Cómo logrará motivar a otros si ellos no saben si su enfoque de hoy será el mismo mañana? ¿Por qué habrían de hacer su mejor esfuerzo los miembros de su equipo en alguna actividad vital que usted después decida que no es tan importante?

Toda la gente exitosa ha desarrollado la habilidad de concentrarse en su actividad más importante y permanecer en ella hasta culminarla. Los hombres y mujeres mediocres y sin éxito esparcen sus esfuerzos y tratan de hacer muchas cosas al mismo tiempo pero terminan no haciendo ninguna particularmente bien.

Intente formular y contestar estas cuatro preguntas cada hora todos los días para mantenerse enfocado:

1. *¿Cuáles son mis actividades con mayor valor?* Usted debe tener absoluta claridad acerca de lo que hace y que contribuye en gran parte a darle valor a su negocio y a su vida. Luego trabaje en ello durante todo el día.

2. *¿Por qué estoy en la nómina?* ¿Para qué exactamente fue contratado? ¿Por qué le pagan en su trabajo? ¿Qué resultados específicos tiene que lograr diariamente para justificar su cheque? Cualesquiera que sean las respuestas a estás preguntas, trabaje en ellas todos los días.

3. *¿Qué puedo hacer y sólo yo hago, que de hacerlo bien, marcará una enorme diferencia?* Esta es una de las preguntas gerenciales más poderosa de todas y sólo hay una respuesta adecuada para cada ocasión. Tiene que ser algo que únicamente usted sabe hacer y que si no lo hace, se quedará sin hacerse. Pero si lo hace, y lo hace bien, marcará una enorme diferencia. ¿Qué es? Cualquiera que sea su respuesta a esa pregunta, debería ser su mayor prioridad minuto a minuto, cada hora de cada día.

4. *¿De qué manera puedo aprovechar mi tiempo al máximo en este momento?* Cada minuto, cada hora, existe solamente una respuesta a este interrogante sobre el manejo del tiempo y cómo mantenerse concentrado. Su labor es organizar su tiempo y su vida para que le sea posible enfocarse en esa tarea específica que marcará la diferencia en su trabajo y en su carrera, más que cualquier otra tarea o actividad. Esa es la clave para concentrarse.

Principio 6: Tenga la valentía para mantener sus convicciones

La valentía es la segunda característica o cualidad más común de un verdadero líder. Para triunfar en grande usted necesita desarrollar la valentía para tomar riesgos, moverse fuera de su zona de comodidad e intentar nuevas metas inclusive sin la garantía total de que va a triunfar. Estudio tras estudio se observa que los grandes líderes son aquellos que están dispuestos a dar pasos de fe para alcanzar metas más altas y mejores aunque exista la posibilidad de experimentar frustración, fracaso y desilusión.

En mi juventud aprendí algo que cambió mi vida: todos sentimos miedo. Todos tememos muchas cosas como la crítica, la desaprobación, el fracaso financiero o personal, la vergüenza y el ridículo. Tenemos miedo de muchas cosas pero si permitimos que nuestros temores dominen nuestro pensamiento, jamás lograremos algo que valga la pena.

El actor Glenn Ford dijo una vez: "Si usted no hace aquello que teme, entonces el miedo controla su vida". Una persona valiente no es alguien que no tiene temor, sino que actúa a pesar de su temor. Ralph Waldo Emerson escribió esta maravillosa frase: "Si quiere tener éxito, convierta en un hábito realizar a lo largo de su vida todo aquello que teme. Si usted hace lo que teme, la muerte de ese temor es segura".

¿Qué gran cosa en particular?

Tener valentía para gerenciar no significa saltar de un avión sin paracaídas. Significa que usted piensa, planea, consigue información y concluye que es más seguro continuar adelante hacia lo desconocido que ir a la fija con métodos convencionales de calidad comprobada y productos y servicios del pasado. Es como si usted tuviera la certeza de que si actúa audazmente, fuerzas desconocidas vendrán a ayudarle.

Así que medite en esta pregunta: ¿Qué es aquello grandioso que se atrevería a soñar si supiera que no va a fallar? Si usted no tuviera temores ni fracasos de ninguna clase, ¿qué meta se trazaría y qué acciones tendría que iniciar? Cualquiera que sea su respuesta a esta pregunta, escríbala, haga un plan y comience a trabajar en ella hoy mismo.

Principio 7: Desarrolle su carácter

Su carácter, *su reputación*, es la cualidad más importante durante el transcurso de su carrera. Shakespeare escribió: "Aquel que se roba mi bolsa, roba basura; pero aquel que se roba mi buen nombre, me roba todo".

Shakespeare también escribió: "Sé sincero contigo mismo y sigue tu ingenuidad, como la noche al día, para que no seas falso con nadie".

De lo que estamos hablando en este punto es de *integridad*. Sea impecablemente honesto con usted mismo y con los demás. Jamás comprometa su integridad a corto plazo para obtener algo de ninguna índole. La integridad es la cualidad más necesaria y respetada de un líder. Es la clave para ascender con rapidez en su carrera. Es esencial para ganar respeto, estimación y lealtad de la gente que lo rodea.

Los líderes son obstinados por desarrollar y mantener su reputación a base de altos niveles de honestidad e integridad. Así que haga siempre lo correcto. Escuche a su intuición, a su voz interior y haga lo que sabe que es bueno, justo y adecuado en toda situación. Su compromiso con su integridad también tiene un efecto directo sobre su grado de autoconfianza, autoestima y autorrespeto.

Principio 8: Planee y prevea cada detalle

Una de las áreas dentro del ejercicio de la gerencia que da mayores resultados es la planeación. Su habilidad para planear, para prever por escrito lo que es necesario realizar, es una cualidad esencial que determina en gran manera todo su futuro como gerente. Su función es determinar *qué* es necesario hacer. La labor de los miembros de su equipo de trabajo es determinar *cómo* va a realizarse su plan, dónde, cuándo y con qué recursos. Pero su trabajo es determinar el *"qué"* del trabajo a ejecutar. Sólo usted debe diseñar el plan.

La clave para planear es que usted tenga claridad acerca de los resultados esperados. Luego es necesario que haga la lista de todo lo que tiene que hacer para obtenerlos. Organice su lista en términos de prioridades, calcule los recursos, especialmente los relacionados con el material humano y el capital necesarios para alcanzar sus metas. Luego comparta su plan con tal claridad y sencillez que, como el plano de una casa, cualquier otra persona esté en condición de entenderlo y desarrollarlo.

Su habilidad para planear sus metas con una enorme claridad determinará su éxito más que cualquier otro factor. Tómese el tiempo de planear correctamente.

Principio 9: Organice su trabajo antes de comenzar

El trabajo de organizar en el área gerencial significa poner juntos todos los recursos necesarios para hacer el trabajo planeado. Una vez que usted ha concluido la planeación y sabe a ciencia cierta qué es lo que quiere llevar a cabo y todo lo que se requiere para lograrlo, empiece a ensamblar su equipo de trabajo, el capital requerido y otros recursos que haya identificado para la ejecución de su proyecto.

Al organizar usted determina exactamente qué capital requiere así como la gente que necesitará y las habilidades y talentos que cada uno de los miembros de su equipo debe tener. Determine su ubicación y las características del terreno donde va a funcionar su empresa, los muebles, el equipo, la información tecnológica y otros suplementos esenciales que se le ofrezcan.

Al organizar, planee el trabajo como un proyecto con funciones específicas y responsabilidades delegadas a miembros determinados de su personal para que los cumplan en tiempos determinados bajo los estándares de rendimiento acordados.

Planear y organizar son las herramientas primordiales de todo gerente con alto rendimiento. Y entre más usted las ponga en práctica, más eficaz será en su uso y mejores resultados alcanzará.

Principio 10: Personal adecuado en todos los niveles

Aquí es donde viene el punto álgido. El 95% de su éxito como gerente será determinado por la gente que usted selecciona y mantiene para ayudarle a hacer el trabajo.

Como lo discutimos en el Capítulo Siete, mucha gente que ingresa en el campo gerencial jamás ha tenido entrenamiento en el proceso de entrevistar y seleccionar personal de manera efectiva. Como resultado, muchas contrataciones se hacen inadecuada e intuitivamente. Pero hoy, con talento de primera y tanta competitividad constante y dinámica, desde el principio usted debe tener la capacidad de hacer buenas decisiones con el personal que contrate.

Cuando usted está preparándose para contratar a alguien, antes de comenzar la búsqueda, siéntese con papel en mano y escriba la lista de las cualidades, características y habilidades de su candidato ideal. Revise su lista junto con otros miembros que vayan a estar involucrados directamente con este cargo y modifique agregando o quitando ítems de su lista inicial hasta que quede completa. Luego comience el proceso de selección comparando los candidatos con su lista. Este primer ejercicio le ayudará a eliminar candidatos inadecuados y dirigirse hacia aquellos que exhiben mayores cualidades y están altamente capacitados para ocupar el cargo.

A propósito, una de las mayores razones por la cual los gerentes fracasan es porque no tienen la capacidad de remplazar miembros incompetentes por temor a herir sus sentimientos. Si usted tiene a alguien dentro de su personal que no puede o no quiere hacer su labor, usted debe actuar con rapidez para remplazar a esta persona con alguien que sí trabajara adecuadamente. Esta es una responsabilidad primordial del gerente.

Principio 11: Delegue efectivamente

Esta es otra área en la que pocos gerentes reciben un entrenamiento adecuado. Pero el arte de delegar es tema de muchos libros y ha sido desarrollado extensamente en cientos de artículos. De hecho, su habilidad para delegar efectivamente es la clave de su éxito. Sin ella usted no tiene futuro como gerente y debe volver a las filas de desempleo. Una persona que no puede o sabe delegar debe ser remplazada por alguien que si lo haga.

Afortunadamente usted puede aprender a ser excelente delegando. Las claves para ello son sencillas: primera, piense en la tarea que necesita delegar. Segunda, seleccione a la persona que realice esa labor cuidadosamente, basándose en la experiencia previa y las habilidades actuales de su candidato. Tercera, discuta la tarea detalladamente con la persona asignada y pídale que le dé una retroalimentación para saber si está o no comprendiendo lo que se espera que haga. Cuarta, ofrézcale su ayuda en todo aspecto posible a la persona delegada proveyéndole soporte en forma de personal, capital y demás recursos necesarios para realizar el trabajo. Y quinta, recuerde que delegar no es *abdicar*. Usted sigue siendo responsable. Haga acuerdos para reunirse frecuentemente con el miembro delegado con el fin de asegurarse de que todo está transcurriendo de acuerdo a lo planeado.

La falta de delegación o su pobre ejecución ha tenido como consecuencia la derrota para grandes ejércitos y ha significado el colapso de organizaciones aparentemente fuertes. Delegue con cautela. Delegue con paciencia. Delegue con detalles, con cuidado y sensibilidad. Y piense que delegar es una parte de su desarrollo profesional durante toda su carrera.

Principio 12: Inspeccione los resultados que espera

Una vez que haya planeado y organizado, explicado y delegado, usted debe supervisar a su equipo para asegurarse que ellos hagan el trabajo a tiempo y con la calidad y el presupuesto acordados.

Quizás la mejor técnica para supervisar actualmente se conoce con el nombre de "supervisión itinerante". Es cuando usted pasa el 75% de su tiempo moviéndose alrededor de su gente, hablando con ellos, haciéndoles preguntas, obteniendo retroalimentación y haciendo sugerencias. Todos los mejores gerentes se hacen visibles a su personal la mayor parte del tiempo y siempre están disponibles si sus colaboradores tienen problemas o preguntas. Interactuando continuamente con su equipo, usted obtiene información y resultados constantes. Mantenga la yema de sus dedos en el pulso de las operaciones de su plan. Nunca será tomado por sorpresa ni a ciegas.

Los mejores gerentes *lideran por objetivos*. Todos y cada uno de los miembros del equipo saben exactamente lo que están sujetos a estar haciendo, bajo qué estándares y dentro de qué cronograma. El gerente debe estar preguntando con frecuencia "¿Cómo vamos?".

El gerente se posesiona a sí mismo como un ayudante, un maestro, un recurso cuyo trabajo es ayudar a sus colaboradores a realizar su trabajo. El gerente está mirando continuamente que su equipo tenga lo que necesita para tener un desempeño máximo.

Quizás lo más importante que usted debe hacer como gerente es animar y motivar constantemente a su personal. Dígales que están haciendo un buen trabajo; agradézcales por todas y cada una de las cosas que hacen y que van más allá de sus funciones laborales; sonríales cuando hable con ellos y escúchelos con atención cuando ellos hablan; haláguelos frente al grupo y en las reuniones de personal; construya un ambiente de trabajo en el que la gente se sienta feliz consigo misma.

Principio 13: Mantenga informado al jefe

La gente que recibe mejores salarios y es promovida más rápidamente es invariablemente aquella que reporta sus actividades con claridad y regularidad a quienes los rodean. Sin embargo no es suficiente que usted haga un buen trabajo y obtenga resultados a tiempo. Usted debe pasar esa información de inmediato a aquellas personas cuyas opiniones son importantes para usted, especialmente a los que están por encima de su cargo.

Los gerentes veteranos practican lo que se conoce como "la política de no sorpresas". La gente que tiene un cargo superior al suyo no quiere sorpresas de ninguna clase. Si algo fuera de lo común ocurre, infórmeles de inmediato y con claridad lo ocurrido, junto con lo que usted piensa hacer para resolverlo.

Su jefe es una persona, ya sea *visual* o *auditiva* en términos del tipo de reporte que espera de su parte. Una persona visual quiere todo por escrito. Alguien auditivo quiere que usted le diga las cosas claras. Averigüe cómo prefiere su jefe los reportes y la información. A partir de ese momento asegúrese de que su reporte para su jefe sea de la manera en que él se siente cómodo. Esto puede marcar una enorme diferencia en su carrera.

Principio 14: Enfóquese en obtener alta productividad

Esta es una clave para obtener resultados en su liderazgo. Usted es responsable de hacer cumplir el trabajo, cualquiera que este sea. En sus términos más estrictos, *productividad* significa buscar constantemente la manera de incrementar el nivel de rendimiento *versus* el nivel de aportes para incrementar la cantidad y calidad de los productos y servicios producidos manteniendo los costos de producción constantes e inclusive a menores precios.

Para mantener niveles siempre altos de productividad usted debe estar buscando continuamente la forma de realizar el trabajo con mayor rapidez, calidad, más barato, más fácil y más eficientemente que nunca antes. Usted debe imprimir una cultura de mejoramiento continuo entre los miembros de su equipo. Todos los días y de todas formas, usted y todos a su alrededor deben estar buscando maneras de realizar el trabajo más rápidamente y con mayor calidad.

Las tres "R"s para intentar mayores niveles de productividad son: reorganización, reingeniería y reestructura:

- *Reorganización:* requiere que usted esté rotando su personal para que sean cada vez más y más eficientes en las labores que realizan.

- *Reingeniería:* requiere que usted constantemente analice el proceso que utiliza para obtener resultados y luego lo simplifique para hacerlo más fácil y eficiente. Busque formas de reducir la cantidad de pasos o la complejidad de cualquier tarea y obviamente estará reduciendo el tiempo y los costos necesarios para realizarla. Este esfuerzo conlleva a una mayor eficiencia y ahorro considerable.

- *Reestructura:* implica que usted mueva continuamente su personal y recursos a esas áreas a las que produzcan productos y servicios de más alta calidad para sus clientes. Enfóquese siempre en el 20% de las tareas y actividades, productos y servicios que reportan el 80% de los resultados y las recompensas para su negocio.

A mayor productividad con que usted organice el trabajo, mayor motivación tendrán sus colaboradores para realizarlo. Y a mayor motivación por parte de ellos, mayor será su producción y mejor luce usted como líder.

Principio 15: Comprométase con la calidad en todo aspecto

La competencia personal es definitiva (Principio 2) pero la calidad es otra cosa. La calidad tiene que ver con desarrollar un área de excelencia, una ventaja competitiva para su producto o servicio que haga que lo que usted vende sobresalga entre los productos y servicios de todos sus competidores que están en el mercado.

Los equipos de trabajo que son felices y se encuentran motivados generalmente se sienten orgullosos de los productos y servicios que ofrecen a sus clientes. Además, los empleados que trabajan para compañías que tienen una actitud displicente acerca de la calidad de sus productos o servicios difícilmente se motivan para dar lo mejor de sí mismos.

La mejor investigación de mercadeo que usted puede hacer es preguntarles a sus clientes cómo definen *ellos* la calidad de sus productos y servicios. Muchos individuos y organizaciones se concentran en mejorar la calidad en áreas en las que el cliente no está interesado. Pregúnteles a sus clientes por qué ellos compran lo que usted les vende en lugar de comprarle a alguien más. Luego, cualquiera que sea la razón que le den, enfoque todas sus energías en mejorar en esa área decisiva.

Fije no sólo estándares de rendimiento en su negocio, sino que estos estándares sean también de excelencia en el producto o servicios. Las compañías con mayores ganancias, basadas en más de 20 años de investigación, tienen una reputación de productos y servicios que es mejor que la de sus competidores.

Dos factores influencian la manera en que el cliente define la calidad de lo que compra. El primero es el producto o servicio en sí. El segundo, y con frecuencia el factor más importante, es la forma en que el producto o servicio es vendido y entregado al cliente por los miembros de la empresa. Las mejores compañías no solamente venden excelentes productos o servicios, sino que los venden de manera amistosa, agradable y orientada hacia el cliente. Usted también debe hacerlo así.

Mire a su alrededor y pregúntese lo siguiente: ¿Qué área específica, si usted fuera el líder absoluto en ella, tendría el mayor impacto en el futuro de su negocio?

Cualquiera que esta sea, enfoque sus energías en volverse totalmente sobresaliente en ese producto o área de servicio. Podría cambiar el futuro entero de su negocio.

Principio 16: Concéntrese en mejorar constantemente

La gente se motiva y entusiasma si está trabajando hacia el cumplimiento de un ideal. No simplemente un ideal personal sino de la organización para la cual trabaja.

El desarrollo organizacional contiene todos los factores que se requieren en la construcción de una empresa. Esto incluye la selección de los productos o servicios que va a ofrecer; las decisiones sobre algunos mercados en particular; la clase de actividades de la empresa; el reclutamiento; las políticas de administración; la clase de personal; las decisiones con respecto a liderazgo y estrategias, finanzas, políticas de empleo, cultura interna y muchos otros aspectos.

Un ejercicio que los líderes exitosos practican con regularidad en la planeación estratégica es pedirle al grupo de ejecutivos más alto que describa la compañía como si en los siguientes cinco años a partir de este momento esta fuera *perfecta*. Usted también puede hacer este ejercicio con los miembros de su empresa.

Proponga a cada uno de los miembros de su equipo que usted crea conveniente que "idealice" la empresa escribiendo una descripción de cómo luciría esta dentro de los siguientes cinco años si quisiera ser la más destacada dentro de su industria. Una vez tenga la lista de características claras, organícelas por prioridades y comience a hacer planes. Comience por pensar de forma estratégica cómo podría cambiar y desarrollar ciertas partes de la organización para asegurarse que en cinco años estas metas se hayan cumplido.

Principio 17: Innovación constante

¿Se renueva constantemente su empresa? ¿Se mantiene estancada? ¿Tiene los productos líderes en su industria o es la suya una empresa rezagada? La gente se siente inspirada de trabajar para una compañía que innova constantemente y que siempre está indagando sobre la siguiente manera de hacer mejor las cosas.

Invierta tiempo y dinero en investigar y desarrollar creativamente otros productos y servicios. La mayoría de las principales compañías tienden a tener el 20% de sus ingresos a través de productos que has sido desarrollados a lo largo de los últimos 24 meses. Piense y planee continuamente como si sus mejores productos o servicios estuvieran a punto de volverse obsoletos y a quedar fuera del mercado. ¿Cuál va a ser su siguiente producto o servicio?

Programe reuniones constantes para hacer lluvia de ideas con su equipo de trabajo. Escriba una pregunta que represente un problema con sus productos y servicios en una cartelera o tablero. Luego tome entre quince y veinte minutos y concéntrese en generar el mayor número de ideas creativas que tiendan a la solución de tal problema y de cómo alcanzar esa meta. Cuando usted haga reuniones para obtener una lluvia de ideas con su equipo de trabajo, se sorprenderá de las ideas tan increíbles que tiene la gente que podrían llevar a su negocio hacia adelante de una manera más veloz.

Pregúntese: "Si no lo estuviera haciendo de esta forma, ¿volvería a comenzar haciéndolo de esta misma manera?". O "¿Podría haber una mejor manera de hacerlo que la actual?".

Estudie a sus competidores más exitosos y halle maneras de imitar sus prácticas más exitosas. Compare su nivel de rendimiento con el de las compañías más exitosas dentro de su industria. Fije estándares y busque formas constantes de cumplir y sobrepasar esos estándares. Las ideas y la innovación son la clave en el éxito de los negocios del Siglo XXI, así como los determinantes definitivos de su éxito como gerente.

Conclusión

Permítame resumir este capítulo con un par de ideas. Primera, este es el mejor tiempo en la Historia de la Humanidad para estar vivo. En tiempos de turbulencia y restricción en el mercado existen más oportunidades y posibilidades para que usted demuestre sus talentos y habilidades y pase del rango de la gerencia al liderazgo.

En este capítulo he tocado 17 de las prácticas más importantes de los gerentes altamente efectivos. Usted debería revisar estos puntos y darse un puntaje de 1 a 10 por la forma en que cree que está desempeñándose en cada una de esas áreas. Su área débil es usualmente la que lo está reteniendo de utilizar sus otras habilidades a un mayor nivel.

Su trabajo es identificar las áreas en que usted es débil, en las que puede mejorar y entonces desarrollar un plan para ser cada vez mejor en las áreas básicas. Cuando usted escucha muy buenas ideas, como las que encuentra aquí, su tendencia natural será querer comenzar a mejorar en todas las áreas de una vez. Pero eso sería contraproducente. Es mejor que elija un hábito o área en especial en el que sienta que va a marcar una diferencia significativa y después se concentre en él hasta que lo domine por completo.

¡Láncese y hágalo!

Recuerde que todos los gerentes exitosos son orientados hacia obtener resultados, soluciones y acciones. Pero la cualidad más importante de los gerentes efectivos es que ellos son orientados hacia la acción. Cuando ellos piensan en algo o ven una oportunidad, actúan de inmediato. Cuando escuchan una buena idea, se mueven ágilmente. Tienen un sentido de urgencia. Sienten pasión por actuar. Practican los tiempos rápidos en todo lo que hacen. Usted también debe hacerlo.

La razón principal por la cual la gente no crece en su liderazgo y gestión gerencial es porque no intentan nada nuevo. Se quedan estancados en su zona de comodidad y siguen haciendo todo de la misma forma caduca y se preguntan por qué siguen obteniendo los mismos viejos resultados. Revise este capítulo con frecuencia y obtenga ideas nuevas cada vez que sienta que necesita ayuda y luego impleméntelas de inmediato. ¡Hágalo ya! Actúe rápido cada vez que se le ocurra una nueva idea.

Lo mejor de todo es que entre más rápido se mueva, mayor energía tendrá. Entre más pronto actúe, mejor retroalimentación obtendrá y mejores resultados se producirán, mejor se sentirá acerca de sí mismo y mayor será el impacto que ejercerá sobre quienes le rodean. Si usted decide actuar prontamente, su confianza en sí mismo y su valentía aumentarán y se convertirá en uno de los gerentes más destacados de su generación.

¡Buena suerte!

Sobre el autor

Brian Tracy es un conferencista profesional, además de entrenador, consultor y líder en seminarios. También es el Presidente de Brian Tracy International, una compañía que se encarga de entrenamientos y consultas, establecida en Solano Beach, California. Además se ha hecho millonario por cuenta propia.

Brian aprendió sus lecciones de la manera difícil. Abandonó la escuela Secundaria sin graduarse y trabajó como labrador por varios años. Hacia la mitad de la segunda década de su vida se convirtió en vendedor y fue ascendiendo la escalera de los negocios. Año tras año, estudiando y aplicando cada idea, método y técnica, encontró y trabajó en su propio método para convertirse en el Presidente Ejecutivo de una compañía de $276 millones de dólares.

En 1981 comenzó a enseñar sus principios de éxito en charlas y seminarios por todo el país. Hoy sus libros, programas y seminarios en audio y video han sido traducidos a 38 idiomas y se usan alrededor de 55 países.

Tracy es el autor mejor vendido de más de 50 libros incluyendo *Maximum Achievement, Advanced Selling Strategies, Focal Point,* y *The 100 Absolutely Unbreakable Laws of Business Success.* Ha escrito y producido más de 500 audios y videos sobre programas de aprendizaje que se usan a nivel mundial.

Brian está felizmente casado y tiene cuatro hijos.